與神對話 II

Conversations with God (BookII)

An Uncommon Dialogue

尼爾·唐納·沃許 著　孟祥森 譯

作者簡介

尼爾·唐納·沃許(Neale Donald Walsch)。一九九五年,在他人生最低潮期,一天因寫了一封憤怒信給神,沒想到這信竟得到了回答,也因此產生了一本驚世之作——《與神對話》。之後,他整個的人生觀與生活都改變了。而創立了一個叫做「再創造」(ReCreation)的組織,專門致力在傳播自己所領悟的喜悅、真理與愛的信念。目前與妻子南茜住在美國的奧勒岡。

譯者簡介

孟祥森,台灣大學哲學系、輔仁大學哲學研究所畢業,曾任教台灣大學等學府。

著有《人間素美》《給你一朵禪的花》《給你一枚禪的果》《濱海茅屋扎記》《愛生哲學》《念流》等十餘種作品。

譯有《異鄉人》《蘇菲之路》《愛的藝術》《動物解放》等涵蓋文學、哲學、心理、社會學、歷史、環保各領域的著作,約六十餘種。

他熱愛生命,珍愛自然界中的一草一木,並投注許多心力於地球的生態保護上。

推薦

龔鵬程【佛光大學校長】

《與神對話》談的並不是宗教、心靈、來世、解脫等問題，更涉及生活方式、環境、政治、戰爭、平等……這些論題當然論者甚多，但本書藉用與神對話的方式，提供了另一個超越性的觀點，而且人與神之觀念激盪、揉合，形成了奇特的魅力與感染力，引人深思。

王浩威【前台大精神科醫師、作家】

書中涉及的宗教問題恐怕是難究其真偽。但是，如果以小說閱讀的心情來思考作者提出的觀點，包括對世界的未來去向和個人的當下處境，都是讓人感覺值得細細閱讀的一本智慧書。

〈推薦序〉

尋找神，是爲了尋找人

南方朔

神學是西方一切人間知識的基礎，不僅哲學一度是它的奴婢，舉凡倫理、政治、經濟、社會，也都無不從它發韌。除非理解它的神學，否則我們即很難宣稱說了解了西方。

因此，在西方，人類（Home Sapiens）幾乎與「宗教人」（Homo religiosus）同義。當人類出現簡單的工藝同時，即已有了對神祇的崇拜。泛靈的宗教崇拜是一種對不可知事務的敬畏，但也是理解世界的一種方式。人們在崇拜中臣服並獲得寬慰。而在大約四千年前，猶太人從巴比倫的偶像崇拜裡，逐步演變出一種信仰，從此就有了「上帝」或「神」這個稱號。縱使到了信仰凋零的今日，對歐美人做民意調查，儘管上教堂的已日益減少，但相信上帝或神存在的，仍然高達九成或更多。以神爲名，是法院或一切宣誓作證的必備儀典；以神爲名，也同樣被鐫刻在國家標誌、鈔幣，甚或其他碑記上。神是西方文化和信仰的前提。

對於神，英國當代主要宗教評論家凱倫．阿姆斯壯在著作《神的歷史》裡有這樣一段話：人類對神的觀念有著一本歷史，不同時代的不同人群，對神的概念均有其差異。某個世代某一群人所使用的概念，對別的人可能毫無意義。的確，當人們說「我相信神」這句話時，它沒有客觀的意義，但它如同其他語句一樣，可以由脈絡給予意義，並被特定群體所主張。因此，「神」這個字裡，沒有不變的概念，相反的，這個字所包含的乃是一整個光譜式的意義，其中的某些會自相矛盾，甚或相互排斥，。如果「上帝」這個概念不是這麼有彈性，它也就不會存續至今，並成爲人類偉大觀念之一了。

當有關「上帝」的某一個概念不再具有意義，或不再切合實際，它就會被靜靜的丟棄，並代之以新的神學。一個相信基本教義的人，將會拒絕接受這種觀點，因爲基本教義派乃是反歷史的，他們相信亞伯拉罕·摩西，以及稍後的先知們所經驗到的上帝和今天的人們無異。但若我們考察猶太教、基督教，以及回教這三個宗教，即會發現到所謂的「神」或「上帝」，並無客觀觀點，每一代人都創造著神的影像牌爲他們所用。

每一代的人發明著他們的神之影像。因此，神曾經是代表了復仇的大神，也曾是博愛平等的化身：在啓蒙及理性時代，人們從神的範疇裡，尋找到了理性與世界秩序的依據，而在康德哲學裡，神的美德能力則是塡補人類道德理想和行善能力不足這個鴻溝的主要媒介。人類創造著神的影像，最終極的原因，乃是神代表著人的缺失和人的嚮往。神是人的渴望與動力，藉著不同意義的神，人們始能安身立命。人之所以還値得拯救，乃是因爲一代代的人，總是能藉著創造神之意義來塡補他們的缺憾。

每個時代的人創造著不同的神之影像，換成另一種說法，那就是每個時代的人，也都和神有著一場獨特的約會，那是人神間的對話，同時也是人對自己的詰問與作答。從聖奧古斯丁的《懺悔錄》開始，歷代的主要神學家或宗教實踐家，都能從神那裡得到啓發，但神並非那個在荊棘的火光中現身的具體之神，而毋寧是一種內心的召喚。祂是人們的未曾實現但卻等待著被實現的良心。祂在人的靈魂裡蟄伏，等著被發現；當人發現了神的新義，人們始能發現自己。

《與神對話》這部著作，或許必須從這樣的脈絡來理解。它不應被認爲是有個外在於人的神在和人對話，而只能視爲這個時代的人重新發明或發現神的一種嘗試。這部著作並非嚴格的神學著作，因而在某些論證上難免有欠周延，但縱或如此，這部通俗的宗教讀物，仍顯露出許多特點；這部書交換重組的將當代許多神學元素重新捏合，希望藉此而重新定義神的概念，來做爲人類集體意識再次躍昇的動力。作者的心目中有一個以自由放任和道德提昇爲核心的理想國。希望人類能藉著人我一體的靈現，而讓個人的我與整體的我調和。在近代的宗教信念系譜上，可以被界定爲一種「新自由派神學」，也不妨視爲一種「新時代神學」。

自從第二次世界大戰以來，西方當代的宗教價值丕變。納粹的鉅大罪惡，使得人們對神的公義日益懷疑；科技理性的更加抬頭及理性的世俗化，使得神在世界上顯得愈來愈不相干，並強化了十九世紀以降的無神論信仰。在這個世界急變，十幾個世紀以來的信仰已儼然成了一本迷信史的時刻，神已成了可疑的概念。祂被某些思想家認爲是「人類靈魂裡一個具有神的形狀的破洞」，也被某些思想家認爲「祂縱使未死，也需被埋葬」「只有神死，始能人活」。一九六六年開始出現的「神死神學」，將古代迄今那種具有人格特徵、自然化的神之影像，推到了最危險的邊緣。而有關神的影像之重建，也就在這樣的脈絡下被逐漸展開。

而神的影像之重建，其實並非始於一九六〇年代。在上個世紀，神學飽受理性及無神論衝擊的時代，這種重建即已漸次出現。有的神學家企圖將神重新定位成理性與感性調和的中介，有的神學家則著重神的公義與社會福音。而到了本世紀，更是衆說紛云。但大體而言，昔日那種人格化、自然化的神之影像，早已無法存在，一個更弱勢的神之影像則已成公論。神的定義被重組，但如：古生物學家出身的德日進（Pierre Teilhard de Chardin,1881-1955）即視神爲一種進化的神聖動力；威廉斯（Daniel Day Williams, 1910-）即視神爲陪伴人們受苦，並使之改變的超級過程；存在神學家田立克（Paul Tillich, 1878-

1965）認爲神是開顯「我——你關係」的一種永恆對話……各家學說儘管衆多，但一個不再像以往那麼強勢，與人的距離更加接近，也更具啓示意含的神之影像，則無疑爲它的公分母。如果說得大膽一點，在這個人是一切度量的時代，神已逐漸變成一個伴侶，一種叮嚀。或許有一天，人類眞的能夠正直到不必神亦可免於行錯，但在人仍脆弱的這個時代，神就不可避免的必須以一種呼喚、叮嚀、警戒、陪伴受苦的角色出現。

而當代神學的這些反省與重建，有相當大的一部分被溶入到「新時代」的信念中。保羅．希拉斯（Paul Heelas）在《新時代運動》一書裡，曾對「新時代」的宗教信念有過扼要的闡述。大體而言，它著重於宗教啓悟的個人化，視自己與神有著同等及互爲對話之關係；認爲「人類潛能教諭」及「意識發展」有被進化爲「服務倫理」之可能，認爲人和一切的事務都存在於一個更大的全景式的網路中，因而人的責任也就變得無邊無限；而基於這樣的認知和信念，它和神學烏托邦也就極爲酷似。將所有的這些信衆元素拿來逐一和《與神對話》參照比對，即可顯示該書被稱爲「新時代神學」應屬不虛。而這樣的信仰實踐落實到具體的公共問題上，當然也就具有一定的進步性，例如它強調人的自由自立與互助，強調人類的公平正義。這時候，它也就當然成了一種「新自由派神學」。在這一部分，《與神對話》又和美國前輩自由派神學家尼布爾（Reinhold Niebuhr, 1992-1917）有相當多的酷肖之處。

因此，《與神對話》乃是一部現代人對神重新定義，並進而意圖重新塑造自己的著作，期望能夠藉著提升人類的集體意識，而讓人擺脫今日的野蠻落後及理性的狹窄與虧蝕。書裡將神視爲一種對人的中介，祂不評斷，只讓人自省。神不再是昔日被自然化的那個權威大神，而成爲一種內心的叮嚀。本書意圖調控「集體－個人」「人－神」「理性－感性」的兩極，從而建造出一個更符合當代新中產階級需要的信念系統。書裡對人類進化可能性的樂觀期待，也使得本書不再像古代神學著作那麼冷硬刻板，使人在對話裡能更親切的面對自己。

不過，任何企圖從事宏觀而鉅型的論述者，當它展現出其鉅大的想像時，難免也同時會顯露出其同樣鉅大的矛盾甚或粗糙簡單。當我們在閱讀《與神對話》時，對它的這些部分似乎也不能完全無動於衷：

例如，當作者意圖鋪陳神的「無時間性」時，將時間譬喻爲層層疊疊的紙張，當它以相對論及宇宙論等的論點來闡述時間概念時，大概都犯了夾纏之誤。而不寫這些亦無損完整。

例如，作者在第二部裡意圖探討當今人類社會的各種問題，因而從性、環保、國際勞工問題、國際政治問題等幾乎無所不包。這些問題的對話裡，雖然有很好的人道關懷，但仍難免充斥著片面性的「美國觀點」，例如書中所主張的單一式的全球政府的觀點，大概就很難被非美國人所接受。作者的「美國中心論」經常可見，這不能不予注意。

不過，與神對話也就是與己對話，換言之，也等於是讀者與作者對話。當我們讀完《與神對話》而掩卷時，或許不妨問問自己：我心中的那個不斷叮嚀的、凝視著我的神，究竟在哪裡？我能不能將祂設定進我靈魂的時間表之中？

〈推薦序〉

一生在等待的書

孟東籬

這是《與神對話》三部曲中的第二部，書中所講述的都是人生至爲重要的事。依據原著者所說，本書的來源是創始宇宙的神，也就是一般所謂的上帝或天主。

身爲此書的譯者之一，我覺得我目前並不足以寫一篇允當的序文或導論，主要是因爲本書有許多關鍵性的訊息我還未能參透，還未能釋然。

然而，這卻是我讀過的書中對我最重要的一部。或許可說，我的一生都在等待這樣的書，都在想要從這樣的來源得知這樣的訊息。

這書的資訊來源，聲稱是創造我們宇宙的神。我不知道是眞是假，但他發言的方式，讓我欣然願意相信他是眞的，我覺得他充滿了關切，充滿了對人們循循善誘，充滿了智慧與幽默，充滿了光明與肯定。

我覺得，如果宇宙的神是這樣的，我願意跟隨他，常伴左右。

但是，我並沒有失去或放棄我的思辨能力。我仍是嚴嚴的思辨，牢牢的把關。如果有神，則人的思辨能力是神賦予人的重大禮物，爲了尊敬神，你都必須好好展用它，不然就枉費了神的美意。

而如果沒有神，則人的思辨能力更是我們辨別是非的重大依據。人類從來就不應拋棄他的思考能力。

當然，這不代表頑固與執著。人的心，也應隨時向新的訊息開放；只是，他必須懂得檢驗。

這三部曲，第一部述說個人生活中至爲重要的事，第二部述說整個地球和全人類至爲重要的事，第三部則述說全宇宙至爲重要的事。

我譯了第二、三部，並詳讀了第一部的英文版。雖然如此，我還是不能說「詳讀」了這兩本書。因爲我還不能把書中的訊息融會貫通。我認爲，這是一部必須一讀再讀，詳加思考與領會的書。

讀這部書，如跟一位和煦的謙謙君子談論宇宙人生，而他懂得很多，他可以無限寬和與退讓，他可以風趣幽默而又無所不談，暢行無阻而又時有感慨，他的溫煦眞的讓你覺得他是一個光體；而當你想到跟你促膝而談的這位謙謙君子，竟然（可能）是創造宇宙的神時，心裡會感到高興與安慰。

當然，他談的很多事情是我不能了解或不能接受的，有些時候也頗讓我忿忿不平。但他又讓我覺得我可以有不解的從容，可以有不平的權利。

因爲，他說，我就是神。我跟他是同質的，我是他的一部分，我是他的分身，或者我是他的化身。

這個，我相信。因爲這是唯一合理的推論。宇宙中的一切都是神的一部分，都是他的分身與化身。宇宙的全體就是神。

然而，我跟他的爭執也就在這裡：如果宇宙中的一切都是神的分身與化身，那爲什麼神的分身與化身要互相廝殺與吞食呢？爲什麼要有這麼多悲劇呢？爲什麼非洲的小孩要餓死呢？爲什麼母親的乳房要淪爲這般乾癟呢？人類的本質既然是神，爲什麼經過億億萬萬年的演化或輪迴，還這般愚蠢與殘暴呢？神爲體會他自己爲無限光明之身，非得要生靈塗炭不可嗎？

書中的神一再試圖爲此解釋，但我仍是不能接受，我心中的不平不能爲此釋然。

其實就我個人的際遇而言，我是經年充滿感激的；爲天地與萬物的美與奧秘，我也經常充滿讚嘆與感激。我不能釋懷的是各種有生之物所遭遇的摧殘與悲劇。這些事情令人傷痛。如果宇宙間並無有知有情的神，則一切悲劇只是運行與演化所造成；但如果宇宙中有一位有知有情的神，則生命所遭遇的悲劇便變得不但不可解，不可接受，並且不可原諒。

領會宇宙的生命，是我這一生最重要的課題，但我還沒有看過一本書像這三部曲一樣，明白表示出自創世的神，並用這麼明白而現代化的觀念與語言談論宇宙與人生的要事—而大部分又說得那麼好。

至於那些我們所不解和不能接受的部分，我也願意用心去思辨。最重要的是，這個「神」，我願意聆聽他，願意與之對話或爭吵。這在我，是重大的一步。

譯序

宇宙，無盡大戲；而我們究竟是誰？

孟祥森

據說，宇宙是無端的。而如果有端，則從這一端到那一端，以光的速度，要走一百五十億年至兩百億年；這龐大的宇宙中，有兩千億個星系，而每一星系，約有兩千億顆恆星，而某些恆晃的外圍，具有適合生物生長的行星；這樣的行星，據說全宇宙至少有十萬顆。

是以這宇宙恆有大約十萬顆行星，自無始以來至無盡的以後，始終上演著各個階段的生物演化。自單細胞生物，至億億萬萬個細胞組成的生物；自單純的維生繁衍，至具有窮天地化育之心靈的高等生物或「人」類。

恆星或如火燄一般在宇宙的空茫中生起熄滅；如果它的周圍有行星，則行星亦隨恆星生起熄滅；如果行星上有生物，則生物亦隨恆星生起熄滅；遠觀宇宙的此情此景，就如黑夜明滅的燈火，此起彼落。

以此觀之，這宇宙恆如無盡黑暗中散滿天際燈火通明的舞台；台上有些具有生命演員，有些則只有地水火風，或岩漿橫流，或冰封大地；然而就宇宙的劇情來說，則一任洶湧澎湃，永不止息。

宇宙的大戲，就這樣永遠上演。可是爲誰而演？爲何而演？誰是演員？誰是觀衆？觀衆即演員？演員即觀衆？創造者即被創造者？被創造者實乃創造者自身之化裝？研究者即被研究者，而研究者的好奇心實乃宇宙貪玩的本性？那麼，蝴蝶翅膀之美，必然與莊周的眼睛同屬一物。

然後，世間固然有美，卻也有醜。其中最醜的是對生命的殘害。那麼，誰司殺？誰被殺？誰飢餓？誰因營養過剩而死？誰又死於飢寒？

我們究竟是誰？你是誰？我是誰？我們究竟是「神」，還是「原始人」？自有文化以來，哲學與宗教都在試圖解釋這些問題，但似乎沒有任何一組解釋足以釋天下人之疑。

《與神對話》三部曲是另一組解釋，最新出爐的一組解釋。不但意圖解釋，並且意圖指點人類之路。以我個人來看，這是一套「大書」，不亞於人類有史以來任何意圖解釋人天之作，唯不過也像任何著作一樣，無法逃離內涵的矛盾。

或許，凡是「解釋」就永遠是矛盾的，因爲解釋永遠是語言與觀念，而非「事實」的眞相。

雖然如此，我覺得書中現身的「神」對人天的解釋仍舊頗堪玩味，而對人生的指點則珠光燦爛。

這個神，是一個性開放的神。

是一個詼諧幽默的神。

是一個通達的神。

是一個寬大到連「寬大」一詞都屬多餘的神。

是一個喜歡玩的神。

是一個循循善誘的神。

是一個正面的、肯定的神……

就憑這些，我認爲《與神對話》就足以傳世，因爲它是神學的大革命，一掃西方專橫、暴烈、嫉妒、報復的神之陰霾，而給人雨過天晴的明麗景象；如果宇宙有神，神本當如是。

書中許多部分講得極好，如性，如收支的透明，如教育的整個藍圖，如全球一國。這需要讀者自己去看，去領會，甚至去實行。

原書是沒有章名的，因爲每一章都不必然鎖定一個主題，但爲求吸引讀者的注意，才由譯者選用文中句子充當章名，請讀者不用爲此所限。

二十世紀和二十一世紀確定是地球與人類的關鍵期，人類必須面對抉擇，也必然面對抉擇。在這段時期，會有許多訊息出來，改變舊有的人生觀、宇宙觀和人類的生命態度。老實講，生死存亡的關頭，由不得我們渾噩。

那麼，就讓我們一起啓步吧！

〈前言〉一份非比尋常的文獻

這是一份非比尋常的文獻。

它是來自**神**的訊息，在其中，**神**對這個星球提出社會、性、教育、政治、經濟和神學各方面的革命性建議，是我們從未見過，甚至極少想過的。

這些建議是順乎這個星球居民自己明言的願望而發的。我們說過，我們想要創造一個讓所有的人都過得更好的生活，提升我們的意識，尋求一個新的世界。不論我們所做的選擇爲何，**神**都不會詛咒我們，但設若我們選擇前面所說的這種，則**他**❶願意爲我們指路。不過，**她**仍然不會強迫我們去接受**她**的建議。現在不會，從來不會，永遠不會。

書中的話讓我感到既迷人又騷亂，既具挑戰性，又有提升力。迷人，是因爲這些話的深度與廣度令我喘息；騷亂，是因爲它們向我顯示了我自己和全人類的面目，而這是非常令人騷亂的。有挑戰性，是因爲它們對我們的激勵是前所未有的。它們激勵我，要我比以前更成長，激勵我成爲一個新世界的**淵源**——在此新世界，忿恨、小家子氣的嫉妒、性失調、經濟不平、教育蠢舉、社會不公、政治黑幕、欺詐、權術和權力，都不再在人類經驗中扮演角色。提升，是因爲它們認爲這一切都是有希望的，可以做到的。

我們眞能構築這樣一個社會嗎？**神**說可以，唯一的條件是我們眞的選擇這一條路。

這本書眞的是與**神**的對話。這是跟**神**對話三部曲中的第二部，而這一項對話已經延續了五年——直至今日仍在進行。

你或許不相信這些資料眞的來自**神**，而我也不需你相信。對我來說，重要的是這資料有沒有價值，有沒有帶來洞見，有沒有喚醒力，有沒有點燃新的欲望，或對我們在地球上的生活能不能推動有效的改革。天知道，有些事情必須改革了，我們再也無法像以前那樣繼續下去。

《與神對話》三部曲始於一九九五年五月第一部的發行。那本書主要是以個人的事務爲主；它改變了我的人生，也改變了許多人。它的銷售量非常驚人，而且繼續在上升。當然，那本書的「作者」幾乎是沒人知道的。而這又正使得它那麼讓人好奇，使得它那麼力量強大。

我深感榮幸參與其事，這件事使成千上萬的人又重新記起一些偉大的眞理。有那麼多人在書中發現價值，讓我深心高興。

我想告訴各位，一開始我是徹底被嚇到了。我怕別人會以爲我瘋了，患了妄想症，也怕他們眞的相信那資料是來自**神**，因而眞的去實行。爲什麼我會有此懼怕？因爲我知道我寫的每個字可能都是錯的。

接著，讀者們的信開始湧到。從世界各地發出的信。於是，我知道了，在內心深處我知道了，書中的話是對的。這正是世界需要聽到的，又來得正是時候！

（當然，只有在我們的相對生存經驗中，才有所謂「正」不正。所以，我知道我的意思是說「正好」——在我們這個星球上，值此時期，正好由誰說和說什麼。）

現在，第二部完成了，我注意到我又害怕起來。這本書討論的是個人較大的生活面，以及含括全球的地球物理學和地球政治學面。由於如此，我怕這部書會包含一般讀者更多不能同意的部分。所以，我害怕。我怕各位不喜歡在書中談到的東西。我怕你認爲我把書中的某些部分搞錯了。我怕我捅了螞蜂窩，捲起風暴，興風作浪。也再一次，我怕我寫的每個字都錯了。

當然我理當更爲確定，不致有此恐懼。畢竟我不是讀了我的第一部書嗎？好吧，那麼，你明白，這又是我的人性在作祟。你知道，我把這些話傳給大衆，目的不是讓大家鬧翻。

我只想誠誠實實把**神**回答我的話，直截了當的傳送給你。我曾向**神**許諾我會這樣做——公布這些談話——我不能食言。

當然你也不能毀約。很顯然，你曾允諾要讓你的思想、觀念和信仰不斷的接受挑戰。顯然你是深許自己要不斷的成長。不然你不會拿起這樣一本書來。

所以，我們似乎是攜手並肩的。沒有什麼值得怕的。我們就是我們，因此也做我們所做的，只要我們忠於如此，就沒什麼可怕。現在我看出來，我一直所猜是對的，就是，我們皆爲使者：你和我。如果我們不是，則我不會寫這些，你當然也不會看這些。我們都是使者，我們有工作要做。

第一，我們必須確定我們清楚的明白了《與神對話》中的訊息。第二，我們必須把這些訊息納入我們的生活中，以便它可以運作。第三，我們必須把這訊息傳給他人，把眞理帶給我們所接觸的每個人——而方式是單純而不虛張的身體力行。

我很高興你選擇與我同行。跟你同行要比不跟你同行容易得多，好玩得多。現在就讓我們一同走過這些書頁吧。有時候會讓你有一點不舒服。這和第一部不一樣。第一部是**神**的擁抱：大大的、溫暖的環抱著雙肩。第二部，也是**神**同等的愛，但把肩膀輕輕的搖撼了一下，是叫人覺醒的呼喚，是叫人走向另一層次的挑戰。

你知道的，總是還有另一個層次。你的靈魂——到此是爲得取最豐富的經驗，而不是爲得取最貧瘠的；是爲得取最多，而不是爲得取最少——它希望你不要止步。雖然總是由你來做選擇，你的靈魂卻會希望你不至於變得自滿，當然更不要陷於心死。因爲你的世界有太多需要改變之處，太多有待你去創造之處。總有新的山岳要爬，總有新的界域要探索，總有新的恐懼要克服。總有更爲絢爛的處所，總有更多透徹的觀念，總有更爲遼闊的視野。

所以，這部書可能會比第一部更有讓人不自在之處。如果你產生了不自在之感，那麼請跟那不自在相伴相依。當船開始晃動的時候，請緊緊抓住船舷。然後生活在新的範型中。更好的是，透過你的生活與生命之奇妙，幫助創造出一個新的範型來。

譯注

❶：作者在用代名詞指**神**時，有時用男性的「他」，有時用女性的「她」。

1 我們一起去找神

謝謝你來。謝謝你到這裡。

不錯，你因守約而來。不過，你還是可以不來。你本可以決定不來。不過你卻決定來到這裡，在此約定的時刻，於此約定的地點，以便此書可以交在你的手上。謝謝你。

若你做這一切都是無意識的，甚至並不知你在做什麼，也不知爲什麼，則這些事情對你可能是個秘密，因而需要一點點解釋。

我要說：這本書來到你的生活中，正是時候。也許目前你還不明白，但當你經歷了書中所爲你儲藏的一切，你就會完全明白。一切事物的發生都正當其時，這本書到達你手上也不例外。

你到這裡來，是爲你在尋找的東西，是爲你在渴求的東西，渴求已久的東西。你到這裡來，是爲了你跟神最近的一次眞正的接觸——對你們之中某些人來說，可能是第一次的接觸。

這是接觸，非常眞實的接觸。

現在，**神**要跟你實際談話——透過我。幾年以前，我不會這樣說。現在我這樣說，是因爲我已經有過這樣一次對話，因而我知道這樣的事是可能的。不僅可能，而且一直都在進行，正像此時此地還在進行。

重要的是，你要了解，你是使這件事情發生的原因之一，正如此刻這本書之交在你的手上。我們都是發生在我們生活中一切事物的原因之一部分，我們所有的人都跟那一位**大創造者**（the One Great Greator）是共同創造者，製造了導致那些事情的每一種境遇。

我代表你跟**神**的第一次談話發生於一九九二年至九三年。那時我寫了一封憤怒的信給神，詢問爲什麼我的人生是如此掙扎與失敗。我所有的一切，包括我的浪漫關係、我的志業、我跟孩子的互動、我的健康——**總之我的一切**——我所經歷的無非是掙扎與失敗。我給神的信要求知道爲什麼會如此——而要從事一生的志業又當如何。

讓我吃驚的是，這信竟然得到回答。

這事如何發生、回答爲何，成了一本書，於一九九五年五月出版，名爲《與神對話I》。這本書中詳談了事情如何發生，回答了我們生活中的許多問題——關於錢，關於愛，關於性，關於**神**，關於健康與疾病，關於飲食、人與人的關係、正當的工作❶，和許多我們日常經驗中的事物。

在此時，如果我要請求**神**給這個世界一個禮物，那便是在第一部中的訊息。一點也不錯，**神**已經做了（**「即使在你們要求之前，我已給了回答」**）。

本書是第二部，頭幾段寫於一九九六年三月，以做為其後的訊息之引言。這些訊息的「來到」，就像在第一部中一樣，是非常簡單的。在紙上我寫上問題——任何問題……通常是來到我腦中的第一個問題——不久答案就在我腦中形成，就如有人在對我耳語。我是在聽寫！

除了頭幾段以外，本書中所有的資料，都是一九九三年春天開始的一年之內寫下的。現在，我很願意把它呈給你，正如它從我而出並給予我一樣……

＊＊＊

這是一九九三年復活節星期日❷，我依指示來到這裡。我在這裡，手握鉛筆，前置筆記本，準備提筆。

我認為我應告訴你，是**神**叫我在這裡的。我們訂了約。我們——今天——要開始本書

第二部：**神**與我跟你共同體驗的三部曲中的第二部。

我不知道這部書要談什麼，甚至也不知道我們將觸及什麼話題。這是因爲我腦子中沒有這部書的計畫。不可能有。決定本書內容的，不是我，是**神**。

一九九二年復活節星期日——一年前的今天——**神**開始與我對話。我知道這聽來唐突，但事實眞是如此。不久前，對話結束。我受指示休息一段時間……但**神**也告訴我，我今天有「約」，要再回來談談。

你也有約。你現在就是在守約。我很清楚這部書不只是爲我而寫，也是爲你——透過我。顯然你是在尋找**神**——並尋找由**神**而來的話❸——找了很久了。我也如是。

今天，我們將一起去找**神**。這一向就是找**神**最好的方法。分開，我們從不能找到**神**。我這樣說有兩種意義。我是說，只要我們是分開的，就永遠不會找到**神**。要想發現我們跟**神**不是分開的，第一步就是要發現我們各自不是分開的，除非我們知道並體現我們全是一體，我們便不能知道和體現我們跟**神**是一體。

神並非與我們分開，從不曾；我們只是以爲我們跟**神**是分開的。

這是一個常見的錯誤。我們也以爲我們是各自分開的。因此，我發現，「發現**神**」的最快速途徑就是互相發現，不再互相隱藏。當然，也不再對自己隱藏。

最快的不再隱藏之路是講眞話❹。對每個人。任何時間。

從現在開始講眞話，永不改變。先開始對自己講關於自己的眞話。然後對自己說關於別人的眞話。然後對別人說關於你自己的眞話。然後對別人說有關他人的眞話。最後，對人人說事事的眞話。

這是**說眞話的五個層次**。這是自由的五重路。眞理（實話）會讓你自由。

這是一本有關眞理的書。不是我的眞理，而是**神**的眞理。

我們——我跟**神**的——上一次的對話於一個月前結束。我以爲這一次會和上一次的一樣進行。也就是說，我問，**神**答。因此我想，我們該停了，現在就向**神**請問。

神——是這樣進行嗎？

是。

我就是這樣想。

只不過在本書中不用你問，我自己會提出一些話題。你知道，在第一部中我不大這樣做。

是啊，那你為什麼要加這新花樣？

因為這部書是在**我的**要求下寫的，**我**要求你到這裡來，而第一部書則是你自己起頭的一個計畫。

第一部書，你有一個議程。這一部，你卻沒有議程——只是照著**我的意願**做❺。

沒錯。

尼爾，這是一個很好的地方。**我**希望你——和別人——都能常來這個地方。

可是你的意願就是我的意願。既然**你的意願**和我的意願相同，我怎麼可能不做呢？

這是一個複雜微妙的問題——卻是一個不錯的起步點；真的，是我們談話的一個很好的起步點。

但讓我們先退回幾步。**我**從沒有說過**我的意願**就是你的意願。

有啊！**你**說過。在上一部書中。你清清楚楚對我說過：「你們的意願就是**我的意願**。」

不錯——但兩者並不相同。

不同？你一定在愚弄我。

當**我**說「你們的意願就是**我的意願**」時，它的意思並不和「**我的意願**就是你們的意願」相同。

如果你們一直都在照**我的意願**行事，則你們不必再做什麼就可得到開悟❻。歷程就將結束。你們將已在那裡。

一旦你們只行**我的意願**而不做其他，就會導致你們開悟。如果你們的人生歲月都在行**我的意願**，則你們幾乎無需涉入這本書。

所以，很清楚你並沒有行**我的意願**。事實上，大部分時間你們甚至不知道我的意願。

我不知道？

對。你不知道。

那**你**爲什麼不告訴我那是什麼？

我告訴你了。只是你不聽。或者，你聽而不聞。而當你聞了，又不相信你所見聞的。而當你相信了你所見聞的，你又並未遵從指示。

所以，說**我的意願**就是你的意願是確定不正確的。

反過來說，你們的意願就是**我的意願**。第一，因為**我**知道；第二，因為**我**接受；第三，因為**我**贊成；第四，因為**我**愛；第五，因為它就是**我的**，我稱它為**我的**。

這意謂你們有自由意志去做你們想做的事——而**我**由於無條件的愛，使它成為**我的**。

如果**我的意願**要成為你們的意願，你們也必須同樣。

第一，你們得知道它；第二，你們得接受它；第三，你們得贊成它；第四，你們得愛它；最後，你們得稱它為你們的。

在你們人類的整個歷史中，只有很少數的人持續這樣做。另有少數人近乎常常這樣做。許多人做得不少。大批人時而做一做，實際上人人都只偶爾做一做，有些人卻從來不做。

我又屬於哪一類呢？

這有關係嗎？從**此刻開始**你要屬於哪一類，這豈不才是關鍵問題？

對。

你怎麼回答？

我寧願屬於第一類。我寧願時時刻刻知道並遵行**你的意願**。

這可慶可賀，卻不太可能。

爲什麼？

因為在你能如此之前，還需要許多的成長。不過**我**告訴你：你**能**如此的。你能步入**神性**（Godhood）——就在此刻，只要你選擇。你的成長並不必花那麼多時間。

那麼，爲什麼它已經**花了**那麼多時間？

不錯。為什麼已經花了那麼多？你在等什麼？你不會以為是**我**拉住你吧？

不。我很清楚是我自己拉住自己。

好。清楚是做好的第一步。

我很想做好。但我怎麼做呢？

繼續讀這部書。這正是**我**要帶你去的處所。

譯注

❶：英文爲 right work，應跟佛教八正道中的「正命」——正常的生活方式或工作——相似。

❷：Easter Sunday，每年過春分月圓後的第一個星期日。

❸：話，英文用 Word，此字也指「神之道」。

❹：英文 truth 一字意指「眞情實況」「眞相」「眞理」「實相」「實話」。本書譯文視文句而有不同譯法。

❺：will，有時譯作「意願」，有時譯作「意志」。

❻：Enlightenment，或譯「啓蒙」「開明」。此字原意是「點亮」。佛教將「開悟」英譯爲此字，也可譯爲「神啓」。

2 我就是那神燈裡的精靈

我並不確定這本書將要走向何處，也不確定從何開始。

讓我們再花一點時間（**take time**）。

我們究竟需要花多少時間呢？從上一章到現在，已經花了我**五個月**的時間。我知道讀這本書的人會以為這一切都是連續不斷寫下的。他們不會想到從第三十二段到第三十三段之間，隔了**二十個星期**。他們不會明瞭有時候靈感與靈感之間要隔**半年**，我們到底必須花多少時間？

這不是**我**的意思。**我**是說，把「時間」（**take "Time"**）做為我們第一個話題的開始之處。

哦，好吧。但既然以這爲話題，爲什麼完成一段有時要花好幾個月呢？爲什麼你在兩次來臨之間要隔那麼久呢？

我親愛的好孩子，**我**在「來臨」之間，隔的時間並不長。**我**從來就不曾不與你同在，只是你並沒有經常覺察到。

爲什麼？爲什麼如果**你**經常在，我卻沒有覺察？

因為你的生活被別的事情纏住了。讓我們面對它吧。你這五個月很忙。

對，我這五個月很忙。一大堆事情在進行。

你讓這些事情比**我**還重要。

這好像並不是我的實情。

請你看看你的行為。你這段時間被世俗的生活深深纏住了，你很少注意你的靈魂。

那是一段艱困的時期。

沒錯。正因如此，才應把你的靈魂含括在這過程中。過去幾個月，若有**我**幫助，會平順得多。所以**我**是否可以建議你不要與**我**失去接觸？

我試著要靠緊你，可是我似乎失落——或像**你**所說的，捲入——在我自己的戲裡。再說，我也找不出時間給**你**。我沒時間默想❶。我沒有祈禱，當然我也沒有寫作。

我知道，當你最需要我們的接觸時，你卻走開，這是人生的諷刺。

我該怎麼才能不這樣做呢？

不這樣做就是了。

這是我剛說的。但是要怎樣才行？

你不這樣就不這樣。

沒有這麼簡單。

就這麼簡單。

我倒希望是這樣。

那它就**真的**會這樣，因為你的希望就是**我的**命令。要記得，**我**親愛的，你的欲望就是**我的**欲望。你的意願就是**我的意願**。

好吧。好得很。那麼我希望這本書三月份完成。現在是十月了。我希望再也不要有五個月都全無音訊了。

那就會這樣。

好。

除非它不是這樣。

哦，天哪。我們非得玩這個遊戲不行嗎？

不是。但到現在為止，你都是這樣在決定你的生活。你隨時在改變主意。記住，生活是持續的創造過程。你每一分鐘都在創造你的真相。你今天做的決定，往往不是你明天的選擇。然則所有大師們的秘密卻是**一直只選同樣的東西**。

一而再，再而三的選？一次不夠？

一而再，再而三，一直到你的意願變成你的實況。

有些人要好多年，有些好幾個月，有些好幾個星期。那些近於大師級的人，要幾天、幾小時，甚至幾分鐘。對大師們來說，創造是**當下的事**。

當你看到**意願**和**經驗**之間的距離縮短時，可以說你是走在大師之路上了。

你說「你今天所做的決定，往往不是你明天的選擇」。那又怎樣？**你**是說我們不應老是改變心意？

你愛怎麼改就怎麼改。但要記得，你每改變心意，都把整個宇宙的方向做了改變。

當你對某件事「下定決心」，你就推動了宇宙。有超乎你理解的力量——其微妙與複雜遠超過你的想像——涉入這個過程，其巧妙的動力是你們現在才剛剛開始了解的。

這些力量與這種過程都是相互作用的能量之超凡網路的一部分，這網路組成存在之全體，你們稱之為生命與生活。

本質上，它們是**我**。

那麼，當我改變主意，會爲你製造困難，是不是？

沒有什麼對**我**是困難的——但你卻可能把事情弄得對你來說非常困難。所以，對事情要專心一志。在你讓它成為事實前，不要改變心意。要專心，要集中。這就是心志專一之意。如果你選擇什麼，就用你全副力量、整個心去選擇。不要優柔寡斷。持續不懈！向著它前進。要有決心。

不要用「不」做爲答案。

正是。

但若「不」正是確實的答案，又怎麼辦？如果我們所要的，不是我們應當要的——不是爲我們好，不符合我們最佳的利益——那又怎麼辦？那**你**就不會給我們，對不對？

錯。不論你們要求什麼，不論對你們而言是「好」是「壞」，**我**都會「給」你們。你有沒有看看你近日的生活？

但是我所受的教育卻說，我們不能永遠都得到我們所想要的——凡不是對我們最好的，神就不會給我們。

這是當某些人不希望你因某些特別的後果而失望時告訴你的話。

首先，讓我們再把我們的關係說清楚。**我**並沒有「給」你們任何東西——是你們召它過來的。在第一部中，**我**曾把這情況如何發生做了詳細精確的解釋。

其次，**我**對你們所召來的事物不做審判。我不說一個東西是「好」或是「壞」。你們最好也這樣。

你們是有創造力的生命體——是以**神**的形象與本質造成的。你們可以得到你們選擇的任何東西，但可能並不能得到一切你們想要的東西。事實上，任何東西如果你們要得太急迫，就不能得到。

我知道。這在第一部中也解釋過了。你說過，「要」這個行爲會把那東西推開。

對，你記得為什麼嗎？

因爲心念是有創造力的，而要一個東西的心念是對宇宙的一個聲明——一件眞相的宣示——宇宙就會在我的實際生活中製造出來。

完全正確！完全正確！你已經學到了。你真的明瞭了。好得很！

對，就是這樣發生的。你說「我要」（I want）某物時，宇宙就認為是「確實」，並給你那經驗——「缺」（wanting）它的經驗！

不管你把什麼放在「我」字的後面，都會變成你具有創造力的命令。神燈裡的精靈——那就是我——之存在只是為了從命。

你召什麼，我製造什麼！你怎麼想、怎麼感覺、怎麼說，就怎麼召！其實就是這麼簡單。

那麼，請再告訴我——爲什麼我要花那麼多時間，才把我的選擇創造爲事實？

有好幾個原因。因為你不相信你選擇什麼就可以有什麼。因為你不知道選擇什麼。因為你一直在思索什麼對你是「最好」的。因為你事先想要保證你所有的選擇都是「好」的。因為你不斷改變心意。

讓我看看我懂不懂這話的意思。我不應思索什麼是對我最好的嗎？

「最好」是一個相對形容詞，有上百個的變數。這使得選擇變得非常困難。當你做任何決定時，只應有一個考慮——這是不是表明**我是誰**？這是不是在聲明**我選擇我是誰**？

整個一生都該是這樣一種聲明。事實上，整個一生就是這一種聲明。你可以讓這種聲明是出於偶然或出於選擇。

由選擇而過一生，是有意識行動（action）的一生；由偶然而過的一生，則是無意識重複（reaction）的一生。

重複就是這樣——是你原先做過的行為。當你「重做」（re-act），你是在評估進來的資料，在你的記憶庫中探索相同或類似的經驗，**照你以前做過的去做**。這是心智（mind,❷）的作用，不是你靈魂的作用。

你的靈魂想要你在**它的**「記憶」中探索，看看如何能創造出你真正此刻的**真實經驗**。這乃是你們經常聽說的「靈魂探索」經驗，但要這樣做，你們必須真的「失心」❸。

當你把時間花在想要思索什麼對你「最好」時，你是在**浪費時間**。最好是省時間，而不是浪費。

「失心」可以大量節省時間。決定很快就可達成，選擇迅速執行，因為你的靈魂只從現在的經驗來創造，不需回顧、分析與評鑑過去的際遇。

記得這一點：靈魂創造，心智重複。

靈魂以其智慧知道，你此刻所產生的經驗，是**神**在你對它還沒有任何有意識的覺察之前送給（sent）你的經驗。這乃是「現在」（pre-sent，預先送給）經驗一詞的意義。即使在你正在尋找它時，它就已經上路——甚至在你要求之前，我就已經答應你。**每一個此刻**都是**神**的神聖禮物。這乃是何以它被稱之為禮物（present，❹）。

靈魂直覺的知道去尋求此時所需的恰當境遇，以治癒錯誤的思想，並將你帶到你真正是誰的正確經驗中。

把你帶回到**神**那裡，乃是靈魂的渴望——把你帶回家，帶給我。

靈魂的意圖是以**經驗**來認知它自己——因而認知**我**。因為靈魂知道你跟我是**一個**——正像心智以思辨否認此一真相，肉體以行為否定這一真相。

因此，在重大決定的時刻，要離開你的心智，而以靈魂之探索來替代。

靈魂明白心智所不能領會之事。

如果你把時間浪費在思索什麼對你「最好」上，你的選擇將小心翼翼，你將永遠無法做出決定，你的旅程將航入種種期望之海中。

如果你不小心，你將**淹死**在你的種種期望中。

哦！這眞是個好答案！但我怎麼聽從我的靈魂呢？我怎麼知道我是在聽呢？

靈魂以感覺（feelings，感情）向你訴說。聆聽你的感覺，遵從你的感覺，尊崇你的感覺。

爲什麼我卻似乎正因爲尊崇我的感覺，才陷在困難裡呢？

因為你把成長貼上「困難」的標籤，而把停頓貼上「安全」的標籤。

我告訴你：你的感覺**絕不會**讓你陷入「困難」中，因為你的感覺就是你的真相。

如果你要過一種**絕不**遵從感覺的生活，處處要把感覺用**心智**的機械作用過濾掉，那你就去吧。靠**心智**對處境的分析而做你的決定吧。但別想在這樣的機械作用中得到歡樂，也別想求得**你真正是誰**的歡慶。

記住：真正的歡慶是無心的（mindless）。

如果你聆聽你的靈魂，你就會知道何者於你「最好」，因為於你最好的，就是於你為真的。

當你只依何者於你的為真而行，你就在道上加速前進。當你以你的「現在真相」為基礎而**創造**經驗，而不是以「過去真相」為基礎，而反覆某種經驗，你就產生一個「新我」。

為什麼創造你所選擇的真相要用那麼多時間？這就是為什麼：因為你沒有去實踐。

知曉真相（真理），真相會讓你自由。

然則一旦你知曉了你的真相，不要**一直改變主意**。這是你的心智在意圖思索何者於你「最好」。停掉它！除去你的心智。回到你的**感覺**！

這就是「恢復神智」的**含意**。回到你的**感覺**，而不是如何**思考**。你的思想只不過是思想。是心智的構築。是你的心智「虛構的」「捏造的」創造品。可是你的**感覺——卻是真實的**。

感覺是靈魂的語言，而你的靈魂是你的真理（真相）。

好了。這樣的說法連貫嗎？

這是不是意謂我們要表達我們所有的感覺——不管它是多麼負面或多麼有破壞性？

感覺既非負面，也不具破壞性。它們只是真相。如何表達真相才是問題所在。當你以愛來表達你的真相，很少會有負面和有傷害性的結果產生，而當有此情況發生時，那是因為有人選擇要用負面或有傷害性的方式去經驗它。在這種情況下，你可能沒有任何辦法避免此事發生。

當然，**失於**表示你的真相也並不恰當。但是大家時時都這樣做，人們是如此懼怕造成或面對可能的不愉快，以致完全掩藏了自己的真相。

要記得：最重要的是如何送出訊息，而非如何接受。

你無法負責別人如何接受你的真相；你只能保證它在送出去的時候好不好。好不好，**我**指的還不只是清不清楚；**我**指的是何等愛、何等悲憫、何等明敏、何等勇敢和何等完全。

這裡沒有半真半假的空間，沒有「殘忍的事實」，或甚至「平白的真相」的空間。它只是真相，全部的真相，除了真相以外別無其他。**神**幫助你如此。

是這「**神**幫助你」帶來了愛與悲憫的**神聖**素質——因為，只要你要求**我**，我一直都會幫助你用這種方式溝通。

所以，沒錯，去表達你所謂的最「負面」的感覺吧，但不要以破壞性的方式。不去表達（即是推出去）負面的感覺，並不會使負面情緒走開，**而會把它們留在裡面**。「留在裡面」的負面性會傷害身體，使靈魂背負重擔。

但是，如果另一個人聽到了你對他所有的負面想法，不管你用何等有愛意的態度告訴他，都會影響到你們的關係。

我說，去表達（推出去，清除）你負面的感覺——**我**並沒有說如何或對誰。

並非所有的負面感覺都需跟引起此負面感覺的人分享。只有當不去表達此感覺會有損於你人格的完整，或造成對方誤以非真相為真相時，才有必要表達。

負面的感覺從來就不是最終的真相，即使在當下它似乎像是你的真相依然。它可以是起於你未痊癒的部分。事實上，**一直都是**。

這就是為什麼必須把這些負面的東西推出去，釋放出去。只有讓它們出去——推出去，置於你的面前——你才能清楚的看清它們，才能知道你是否真的相信它們。

許許多多說出來的話——惡毒的話——只有在說出來之後，才發現它們不是「真的」。

許許多多表示出來的感覺——從恐懼到憤怒——只有在表示出來之後，才發現它們不再表示你**真正**的感覺。

感覺可以是很弔詭的。感覺是靈魂的語言，但你必須確定你傾聽的是你**真正的感覺**，而不是由你的心智所鑄造出來的假模型。

哦，好吧！現在我連我的**感覺**也不能信賴了。好得不得了！我原本還以爲那是通往眞理實相之路呢！我原本還以爲那是**你教**我的呢！

是的。**我**是這樣教你。但用心聽，因為這比你現在所能了解的還更複雜。有些感覺是**真感覺**——也就是產自靈魂的感覺；有些感覺是假感覺——這是你的心智所製造的。

換句話說，它們根本不是「感覺」——它們是**意念（思想）**，是**偽裝成**感覺的意念。

這些意念是起於你以前的經驗和觀察他人的經驗。你看別人拔牙時臉皺成一團，所以你拔牙時也臉皺成一團。你可能根本**就沒痛**，可是你還是皺臉。你的反應跟真相（事實）沒有任何關係，只跟你如何**接受**事實有關，而這又是以別人的經驗為基礎，或以你**往日的**某件事為基礎。

人類最大的挑戰是**要在此時此地**，不要再捏造什麼！不要對現在時刻（**pre-sent moment**，是在你對它尚未有意念之前「送給」你自己的時刻）製造意念。**要在此刻**。記住，你把此刻當作禮物，**送給**你的**本我**（Self, ❺），這時刻涵藏著巨大真相的種子。那是一個你想要記得的真相。然而，當此刻到來，你卻立即開始鑄造關於它的意念。你不在此刻**之內**，卻站在此刻**之外**，審判它。於是你重複反應。這是說，你像你**以前曾做過**的那樣再做。

現在，看看這兩個字：

REACTIVE（重複，反應）

CREATIVE（有創造性）

注意看看，它們是相同的字。只是把C[6]挪動了！當你正確的看事物，你就變得有創造性，而不是重複反應。

這很妙。

嗯，**神**就是這樣。

但是，你看，**我**想講的是，當你乾淨的來到當下，**而不帶著關於它的原先想法，**

你就可以**創造**你現在是誰，而不是**反應**你**曾經**是誰。

生命是一個創造歷程，而你卻把它活得像是一個反覆歷程！

但是一個有理性的人，怎麼可能在某件事發生的當下，忽視以前的經驗呢？去思考我們所知有關此事的一切而做回應，這不是正常的嗎？

可能是正常的，卻不是自然的。「正常」意謂通常是那樣做。「自然」卻是當你不想要以「正常」的方式去做時，你會這麼做！

自然和正常不是同一回事。在任何當下的時刻，你可以照通常的做法那樣做，也可以照自然來之的做法做。

我告訴你：**沒有任何東西比愛更自然**。

如果你以愛而行，你就是自然而行。如果你以懼而行、憤而行、怒而行、恨而行，你可能是**正常**而行，卻絕不是**自然**而行。

如果我以往的經驗都對我嘶吼某一「當下」很可能是痛苦的，我如何能夠以愛而行？

不要管你往日的經驗，直接**進入當下**。要在此刻此地。看看**此刻你為創造新的自己**有何可做。

記住，**這就是你在此所做的**。

你以此方式，在此時間，於此地方，來此世界，以**知你是誰**——並創造**你想要的你**。

這是一切生命的用意，生命是一個持續進行的、永不終止的再創造過程。你依自己所訂下的一個最高的理念來再創造你自己。

但這豈不像從最高的樓上跳下來，以確認自己會飛嗎？這樣的人忽略了他自己「往日的經驗」**和**「觀察到的他人經驗」，從樓上跳下來，還一直宣稱「我是**神**」！這好像並不怎麼聰明。

我卻要告訴你：**人**曾達到比飛更偉大的結果。**人**曾治癒疾病。**人**曾使死者復生。

只有**一個人**做過。

你以為只有一個人被賦予過這超乎物理宇宙的力量？

只有一個人展示出來過。

不只。是誰分開紅海？

神。

不錯。但是誰呼求**神**這樣做的？

摩西。

正是。又是誰呼求我要治癒病人，使死者復活？

耶穌。

對。好了，你是否認為摩西和耶穌所曾做的你**不能**做？

可是他們沒有做！他們求你做！這不是同一回事。

好吧。我們目前就用你的說法。你是否認為你不能要求我做同樣奇蹟的事情？

我認爲我可以。

我會答應嗎？

我不知道。

這就是你與摩西不同的地方！這就是把你和耶穌分別的地方！

有許多人相信，如果他們以耶穌之名請求，**你就會**答應他們。

沒錯，許多人這樣相信。他們相信他們沒有能力，但他們**看過**（或相信其他看過的人）耶穌的能力，因此就以他的名字來請求。雖然他說過：「為什麼你們驚奇呢？這些事情，和更甚於此的事，你們也可以做。」然則眾人不能相信。許多人到今天仍然不信。

你們統統以為你們沒有價值。所以你們以耶穌之名請求。或以至福童貞瑪利亞，或某某「庇護者聖人」，或太陽**神**，或東方**神**靈。你們會以任何別人之名——唯獨不用自己的！

然而我告訴你們——**要求，你就會得到。尋找，你就會找到。敲門，門就會為**

你開。

從高樓跳下，你就會飛。

曾經有人浮在空中。你相信這個嗎？

嗯，我聽說過。

還有人穿牆走過。甚至有人離開他們的身體。

是，是。可是我卻從來沒有看過任何人穿牆走過——我也不去勸任何人去試這種事情。我也不認爲我們應該從高樓跳下。這對你的健康可能並不是好事。

那掉下來摔死的人，並不是因為他如果出自正確的存在（Being）狀態而不會飛，而是因為他**永遠不可能**藉著想要顯示他與你們有分別，而證明他的**神性**。

請解釋一下。

在高樓上的人，活在一個自欺的世界中。在其中，他想像他自己**有別於你們其他的人**。以宣稱「我是**神**」，他以謊言來**開始**他的證明。他希望使他自己與你們有分別。他希望更大、更有能力。

那是自我（the ego）的一項行為。

自我——是分離的、獨自的——永遠不可能複製或證明**那是一體**的那個。

那在高樓上的人，由於要證明他是**神**，卻只證明了他與萬物的分別，而非與萬物一體。因此，他以證明**非神性**來想要證明**神性**，因而失敗。

耶穌，卻以證明一體性來證明了**神性**——不論他看何處和看何人，他都看到**一體性**和**整體性**。在此中，他的意識和**我的**意識為**一**，而在這種狀態中，不論他召喚什麼，都會在那**神聖時刻**呈現在他的**神聖真相**中。

所以，要行奇蹟，只要「基督意識」就行了！好吧，這當然會讓事情簡單一些……

當然比你想像的更為簡單，有許多人達到了這種意識。許多人曾成為基督❼，而不僅是拿撒勒的耶穌。

你也可以成為基督。

怎麼做呢？

由尋求，由選擇。但那是你必須每日去做、每分鐘去做的選擇。它必須成為你**生活的根本目標**。

它本來就是你生活的目標——只是你不知道而已。而即使你知道，即使你記得你存在的精確理由，你似乎也不知道如何從你所在之處**到達**那裡。

沒錯，就是如此。那麼，我如何**可以**從我現在所在之處，到我想要去的地方呢？

我再告訴你一次——**尋找，你就會發現。敲門，門就會為你開。**

我已經「尋找」和「敲門」了三十五年。如果說我已倦於這條路，你應該會原諒我。

也許該說你已「失望」吧，對不對？但事實上，雖然在「試圖」上**我**給你甲等分數——就是，「努力甲等」——但我卻不能說，也不能同意你所說，你尋找了和敲了三十五年的門。

應該說，你是時斷時續的尋找和敲了三十五年的門——而大部分時間是斷。

過去，當你很年輕的時候，只有當你遇到了困難、當你有所需要的時候，你才來找**我**。等你又長大一點，又成熟一點，你認識到這可能不是跟**神**的**正確關係**，於是試著去創造一些更有意義的東西。即使那時，**我**也只不過是個**時有時無的東西**。

更後來，你了解到，跟**神**的結合只能藉由跟**神溝通**才能達到，因之你去做某些事、去行某些行為，可以讓溝通**達成**，但即使那時，你仍是時而從事，而非經常。

你靜思，你行儀式，你在祈禱與頌唱中呼喚**我**，你召**我的靈**到你之內，但這也只在適合你的時候，只在你覺得有感應的時候。

再說，即使在這些情況中，你對**我**的體驗充滿榮光，你生活的百分之九十五仍舊陷在**分別**的幻象中，體現**最終真相**的時刻仍舊只是偶爾的星火。

你仍舊認為你的生活就是汽車保養、電話費帳單和人際關係要如何如何等等；你的生活所關注的，仍是你所創造的**戲劇**，而不是這些戲劇的**創造者**。

你還沒有學會懂得**為什麼**你一直在創造你的戲劇，你太忙著演它們了。

你說你了解生活的意義，可是你沒有去實踐你的了解。你說你知道走向與**神**溝通的路，但你卻沒有**上路**。你聲稱你在道上，但你沒有舉步。

可是你卻來對**我**說，你已尋找和敲門了三十五年。

我討厭做你的失望之源，可是……

現在是時候了，你不要再失望於**我**，而應當開始看清楚**你**真正是誰。

現在，**我**告訴你：你想要「受膏為基督」嗎？那就像基督一樣**行，每一日每一分鐘皆如此**。（你並非不知如何行。他已向你們顯示了途徑。）在所有的情況下都像基督（不是你不能。他已為你們留下**指示**）。

在這方面，只要你尋求，你不是沒有幫助。**我**每一天、每一分鐘都在給你引導。**我**是那寂靜的小聲音，在其中知道轉向何路，走上何途，如何回答，如何行為，說什麼話——只要你真正尋求與**我**溝通，和**我**結合為一，就知道去創造什麼樣的**實相**。

只要聆聽**我**。

我猜我是不知道應該怎麼做。

哦，瞎說！**你現在正在做**！只要**隨時**都這樣做就好。

我不能每天分分秒秒都拿著個黃色活頁本跑來跑去吧！我不可能停下所有的事，開始寫信給你，希望你提供精采的答案吧！

謝謝你。它們確實是精采！而現在又有一個：**是的，你可以！**

我是說，如果有人告訴你，你可以跟**神**有**直接的溝通**——直接的連線，直接的連繫——而你要做的，只是隨時準備紙筆，你願意做嗎？

那當然。

然而你剛剛卻說**你不要**。或**不能**。那你到底是怎麼回事？你說的究竟是什麼？什麼**是**你的實情？

而**好消息**是，你甚至可以連紙筆都不**用**。**我是一直跟你同在的**。**我**不住在筆上，**我住在你裡面**。

這是沒錯，可是……我是說，我真的能相信這個嗎？我能嗎？

你當然能。這是**我**自始就開始**要求**你們相信的。這也是每一個宗教——包括耶穌——對你們說的。那是中心教旨，那是最終的真相。

我一直與你們同在，甚至直到時間之末。

你相信這個嗎？

是了，現在我相信了。我是說，比以前更甚。

好。那就用**我**吧。如果紙筆有效（而**我**必須說，那似乎對你滿有效的），那就**帶著紙筆**。**帶的時間更多一點**。如果必要，就天天帶，隨時帶。貼近**我**，**貼近我**！做你能做的，做你必須做的，需做什麼就做什麼。唸《玫瑰經》❽，親吻石頭，向東方鞠躬，唱讚美詩，搖動擺錘，試試肌肉。或寫一本書。

做需做的。

你們每一個都有你們各自的結構。你們每一個都以你們自己的方式領會**我**——創造**我**。

對你們某些人來說，**我**是男人。對你們某些人來說，**我**是女人。對某些人來說，**我**兩者皆是。對某些人來說，**我**兩者皆不是。

對你們某些人來說，**我**是純粹的能。對某些人來說，**我**是最終的感覺，而這，你們稱之為愛。你們有些人對我是什麼完全沒有概念，你們只知道**我存在**。

而也就是如此。

我存在。

我是吹拂你頭髮的風。**我**是溫暖你身體的太陽。**我**是在你臉上舞蹈的雨水。我是空氣中的花香，**我**是發散香氣的花朵。**我**是那**負載**花香的空氣。

我是你最早的意念之始。我是你最後的意念之終。**我**是那在你最精采之際迸發的觀念。**我**是那觀念成真時的光輝。**我**是那促使你做最有愛意之事的感覺。**我**是那讓你一再一再一再渴望此種感覺的部分。

凡能於你有效的，凡能使之發生的——**不論是**儀式、表演、冥想、思考、歌唱、說話或行動，只要能**使**你「再接觸」——**就去做**。

為記得我而做，為重歸於我而做。

譯注

❶：meditate，默想，是天主教譯法。此字又譯爲靜思、沈思、打坐、冥想、入定等。

❷：本書三部曲中，神認爲人是「身、心、靈」三位一體的生命。「心」，英文用 mind，其文義有時又類似於「頭腦」，本書譯爲「心智」。第一部中曾謂 mind 是 ego（自我）（P129），又曾謂 mind 與腦 brain 不同。

❸：out of mind 此成語平常意指「精神不正常」「發狂」，此處則指「不要靠心智去思辨」「離開你的心智」。

❹：英文的 present 既指「禮物」，又指「現在」。

❺：本書中的 Self 常用大寫，是指人與神本質相同的那個「我」。所以中譯爲「本我」。ego 則是指自我中心的那個「我」，本書譯爲「自我」。

❻：C 和 See（看）發音相同。因此這句話意爲「當你正確的看事物」。

❼：be Christed 其字源爲「被塗油」（be anointed），意爲被祝聖、被標示其身分。

❽：rosary，在天主教也指唸一串念珠（165 顆）的經。

3 沒有「時間」，而「你」永遠存在

那麼，回顧一下**你**告訴我的，我總結爲以下幾個重點：

- 生命與生活是一個持續進行的創造歷程。
- 所有大師們的秘密都是不三心兩意，而是不斷的去選擇同一個事物。
- 不要以「不」做爲答案。
- 我們「召來」我們的所思、所感、所言。
- 生命與生活可以是創造過程，也可以是反覆重做過程。
- 靈魂**創造**，而心智**重複**。
- 靈魂懂得心智所不能想像的事。
- 不要再思索什麼是「最好的」（你如何可以贏得最多，失去最少，如何得到想要的），而開始跟你覺得**你是誰**的感覺同行。

·你的感覺是你的眞相。於你是眞的，就是於你最好的。

·思想（意念）**不是**感覺，而是你「該」如何感覺的想法。當想法與感覺混爲一談，眞相就會被遮蔽、消失。

·回到你的感覺，**跳脫你的心智，恢復你的神識**。

·一旦認知了你的眞相（眞理），便去實踐。

·負面的感覺根本不是眞的感覺，而是你關於某種事物的想法，永遠都是起於你自己和別人以前的經驗。

·以前的經驗不是眞相的指標，因爲**純粹的真相**是在此時此地創造，而非重複再做。

·要改變你對任何事物的回應，就置身於現在（pre-sent）時刻——預先送來的時刻，在你對其還未有想法之前就已送給你的時刻……也就是說，**要在此時此地**，而不是在過去或未來。

·過去與未來只存在於思想中。**現在時刻是唯一的實在**。**留在**那裡！

·尋找，你就會找到。

·爲跟**神**、**女神**、**真理**保持接觸，需要做什麼就去做。不要終止練習、祈禱、儀式、冥想、打坐、閱讀、寫作——和爲了與那**萬有**（All That Is）保持接觸而「**任何於**

你有效」的事。

如何，這樣可以嗎？

了不起！這樣很好！你掌握到了。那，你能實踐它嗎？

我正在試。

很好。

好。那麼，現在我們可以再把話銜接起來嗎？請告訴我關於時間的事。

只有「現在」，並沒有時間。

這是你聽過的，**我**可以確定。但是你並不懂。現在你懂了。

除了**此時**之外，並沒有時間。除了此刻以外，並沒有其他時刻。一切只是「**現**

在」。

那「昨日」與「明天」又怎麼說？

這是你們想像的產物。是你們心智的製品。是最終真相中不存在的東西。一切曾經發生的事都正在發生，也將永遠發生，**現在**還在發生。

我不懂。

你不會懂。不全然懂。但你可以**開始懂**。而開始懂，目前就夠了。

所以……就只是聽吧。

「時間」不是一個連續體。它是相對關係的一個元素，是垂直存在的，而不是水平存在的。

不要把它想像為「由左至右」的東西——一般所謂的時間線，每個個體沿此線從生到死，宇宙**由**某一定點**到**某一定點。

「時間」是個「上下」的東西！把它想像為一個紡錘，代表永恆的現在。

現在再想像紡錘上有一疊紙，一張在另一張之上，這些便是時間單元。每一單元都截然畫分，然則都同時存在。紡錘上所有的紙同時存在！不論將有多少，不論已有多少……

只有**一刻**——即是**此刻**——**永恆的此刻**。

正是**現在**，一切正在發生——而我得榮耀。**神**的榮耀是沒有等待的。我使它如此，只因為**我不能等**！我是如此快樂於**做那我是誰**，以至於我不能等待，就要在**我的真相**中使之顯現。所以，砰，它就在了——於此時，於此地——全都在了！

這個情況並無開始，也無**終止**。它——**一切的一切**——只是在。

你們的經驗和你們最大的秘密，**就存於這在**（Isness）的範圍裡。在你們的意識中，你們可以在此「在」之內，選擇去任何「時間」或「地點」。

你是說我可以時間旅行？

沒錯——你們許多人做過。事實上，你們**每個人**都做過——你們常常做，通常是在你們所謂的夢境中。你們大部分人只是沒有覺察，你們不可能覺察。但那能量像膠水一樣黏著你們，有時候，有足夠的殘餘，以致有些人——對此能量敏感的人——可以撿起一些你的「過去」或「未來」的事。他們感覺到或「讀到」這些殘餘，而你們稱他們為「先知」（seers）和「通靈者」（psychics）。有時這些殘餘的能量會大到連你自己也覺察到，在你受限制的意識中，覺察到你「以前曾經來過」；你整個人會突然震驚的發現「這些你以前都做過」！

「恍然若有所覺」！

沒錯。或有時候你遇到某些人，**你會有一輩子都認識他們的奇妙感覺——永遠**都認識他們。

這是一種奇特的感覺，奇妙的感覺。這是**真實的**感覺。你們**確實**永遠的認識這個靈魂。

永恆之為物，即是現在！

所以，你會**常常**從你在紡錘上的「那片紙」上向上望或往下望，而看到了所有的紙片！你在那裡也看到了你自己——**因為在每片紙上都有你的一部分！**

這怎麼可能？

我告訴你：你一直存在，現在存在，永遠存在。從沒有一個時間是你不存在的——也從沒有這樣的時間。

等等！那**老靈魂**的觀念又是什麼呢？有些靈魂會比別的靈魂「老」嗎？

沒有任何東西比**別的東西**「更老」。**我**同時創造了**一切**，而**一切**皆**現在**存在。

你所說的「老」或「年輕」，跟某一靈魂的**覺醒程度**有關。你們每一個都是**「萬有」的一個「層面」**，是那**本是的**一個部分。每一部分都兼具著**全體的**意識，每一個分子都帶著這個印記。

覺醒是此一意識被喚醒，萬有的各個層面覺察到其本身。實實在在說，那真的是自我意識——**意識到自己**。

然後，漸漸的，它意識到所有別人，然後，意識到沒有別人這一事實——**一切都是同一個**。

然後，最終，是意識到**我**。**輝煌燦爛的我**！

好傢伙！**你眞的是喜歡你**，是不是？

難道你……

是，是，我認爲你很了不起！

我接受。而我也認為你了不起！這是我與你唯一意見不同的地方。**你不認為你了不起**！

當我看到我自己有這麼多缺點，犯這麼多錯誤、這麼多罪惡時，我怎麼可能認爲自己了不起呢？

我告訴你：沒有罪惡！

我希望這是眞的。

你是完美的。正如你是你。

我也希望這是眞的。

是真的！樹是小樹苗時並不比是大樹時不完美。一個小嬰兒並不比成人不完美。它即是**完美的本身**。它什麼都不會**做**，什麼都不**知道**，卻並不因此使它更不完美。

小孩會做錯事。她站。她歪歪斜斜。她跌倒。她再站起來，有點搖晃，抱住媽媽的腿。這讓孩子不完美嗎？

我告訴你，正好相反！孩子是**完美的本身**，全然可讚可嘆。

你也是如此。

可是小孩沒有做任何錯事！小孩並沒有故意不服從，傷害別人，或傷害自己。

小孩並不知道什麼是對，什麼是錯。

正是。

你也一樣。

可是我**知道**。我知道殺人是錯，愛他們是對。我知道傷害人是錯，治癒人，使事情好一些，是對。我知道拿取非我之物是錯，利用他人是錯，不誠實是錯。

有些例子中，這些「錯」都變成了「對」。

你現在是在戲弄我。

一點也不。只是就事論事。

如果你是說任何規則都有例外，我就同意。

如果有**例外**，那就非**規則**。

你是在告訴我殺人、傷害人、拿取他人財物沒有錯？

這要看你想要**做**什麼。

好吧，好吧。我懂了。但這卻並不能使這些行爲是好的。有時候，人爲了達成一個好的目的，必須去做壞的事情。

因此就使它們根本不是「壞事」，對不對？它們只是達成目的的手段。

你不是在說目的能讓手段正當吧？

那你認為呢？

不對，絕對不對。

那就這樣吧。

你明白你現在在做什麼嗎？**你是一邊走一邊在訂規章**。

你還看見別的了嗎？**而這好得很啊**！

你們**本來**就應該這樣做！

生活的一切都是決定**你是誰**的過程，並加以體驗。

隨著視野的擴充，你們立下新的規章，可以涵蓋舊的！隨著你們對於你們的**本我**在觀念上擴充，你們便創造出新的可與不可，新的是與非，以包括舊的。這些界限「納入」了原先不能納入的一些東西。

你不能把「你」納入，因為你像**宇宙**一樣沒有邊界。然則你可以用想像的方式為你無界限的本我，創造出界限**概念**來，並接受此**界限**。

就某種意義說，這是唯一可以讓你把自己當作某種特定事物來**認知**的辦法。

但無界的就是無界的。無限的就是無限的。它不可能在任何一個地方，因為它處處都在。如果它**處處都在**，它就**不在任何一處**。

神處處都在。因此，**神**不在任何一處，因為如果要在任何一處，**神**就不能在別處——**而於神這是不可能的**。

於**神**，只有一件事是「不可能」的，那就是**不是神**。**神**不能「不是」。**神**也不能不像它自己。**神**不能把它自己「非神」。

我處處皆在，全然就是如此。而由於**我**處處皆在，**我**不在任何一處。而設若我**不在任何一處**（NOWHERE），那**我**在哪裡？

現在在此（NOW HERE）。

我喜歡！**你**在第一部中說過了，但是我喜歡聽。所以，我讓你講下去。

多謝！你現在比較了解了嗎？你看出你們創造「對」與「錯」的觀念，僅是為**界定你是誰了嗎**？

你看出，如果沒有這些界定——界限——你什麼都不是了嗎？

你看出，像**我**一樣，隨著你改變**你是誰**的觀念，你一直在改變界限嗎？

嗯，我懂你說的，但我似乎並沒有把界限——我個人的界限——做多大的改變。對我來說，殺永遠是不對的，偷永遠不對，傷害別人也永遠不對。我們用以管理自己的那些最主要概念，是自始以來就定位了的，而大部分人都同意。

那你們為什麼有戰爭？

因爲總是有人破壞規矩。每個籃子裡都有爛蘋果。

我下面的幾段話，要告訴你們的可能是某些人極難領會和接受的。它會違背你們現在的思想系統中許多視為真理的東西。然而，若希望這番對話於你們有益，**我**就不能再讓你們按照你們的構想過下去。所以，現在，在這第二部中，我們必須直接面對這些觀念，但要有一陣子顛簸。你準備好了嗎？

我認爲可以了。謝謝你預先警告。你要告訴我的，究竟有什麼地方那麼戲劇化或難以了解的？

我要告訴你的是：**沒有**「爛蘋果」。只是有些人**對事情的看法跟你不同**，有些人構想不同的世界模式。我要告訴你的是：就以其世界模型而言，沒有任何人做不得當的事。

那麼，是他們的「模式」亂七八糟。我知道何爲對，何爲錯，而別人不**知道**；但不能因爲**我**知道，所以是我在發瘋。發瘋的是**他們**！

我要抱歉的說，這正是戰爭的起因。

我知道，我知道。我是故意這樣說的。我只是把那麼多人在說的話，爲他們重複一遍而已。可是我要怎麼回答這樣說的人呢？我能說什麼？

你可以告訴大家，「對」與「錯」的觀念一直在改變：從這個文化到那個文化，從這個時期到那個時期，從這個宗教到那個宗教，從這個地方到那個地方……甚至從這個家庭到那個家庭，從這個人到那個人。你可以告訴他們，某一時代許多人認為「對」的事——比如，把被認為行巫術的人綁在柱子上燒死——今天卻被人認為是「錯」的。

你可以告訴他們，「對」與「錯」的定義不僅因時代而變，也因地方而不同。你可以讓他們注意到，在你們的星球上某一處不合法之事（比如娼妓），在幾里之外的另一地方卻是合法的。也告訴他們，一個人是否被人認為**做**「錯」，跟他實際所做沒有關係，而是**要看他在哪裡做**。

現在**我**要重複一些我在第一部中所說的話，而我知道對某些人來說，是非常非常難以領會的。

希特勒到天國去了。

我不確定大家有沒有準備好聽這個。

這本書的目的，我們創造三部曲每一部的目的，都是為了做準備——為新的範型、為新的領會做準備；為更廣闊的視野、更恢宏的觀念做準備。

好吧。我現在要問的問題是，我知道有許多人都在想、都要問的問題。像希特勒這樣一個人，怎麼可能已經到天國去了呢？世界上所有的宗教……我認爲所有的宗教，都宣稱他已被咒詛，直下地獄了。

首先要說的是，他不可能下地獄，因為根本沒有地獄。因此，他唯一能去的只有一個地方。但這不是重點。真正的重點是希特勒的行為是否為「錯」。然而我已一再說明，在宇宙中，並沒有「對」或「錯」。一件事情就其本身而言，既不是對也不是錯。它只不過是那件事情。

你們認為希特勒是魔鬼，是因為他下令屠殺千百萬人，是不是？

當然。

但設若我告訴你，你們所謂的「死」，實際上是**任何人所能經歷到最棒的事**——那又怎麼樣呢？

我認爲這很難讓人接受。

你認為這地球上的生活比在天國的生活好？我告訴你，在你死的那一刻，你將領會到你從未領會到的最大的自由、最大的和平、最大的喜悅和最大的愛。這樣，我們應該因為狐狸兄弟把兔子兄弟丟到荊棘中而懲罰他嗎？

你忽略了一個事實：不管死後的生活多麼奇妙，我們在此世的生活都不應在違背自己意願的情況下被人結束。我們來此是爲達成某些事情，去經歷某些事情，去學習某些事情。我們的生命被某些存著瘋狂念頭的瘋狂匪盜斬斷是不對的。

首先，你們到這裡來，不是**為學習任何事情的**。請重讀第一部書！生活不是學校，而你們在此的目的不是學習，而是回憶。至於你更重要的那一點嘛，生命其實常被許多事情「斬斷」，例如颱風、地震……

那不一樣。你說的這些是**神**的作爲。

每一件事都是神的作為。

你能想像有任何一件事情是我不要它發生、而它能發生嗎？你認為如果我不讓你的小拇指動，你能讓它動得了嗎？任何事情如果我反對，你**都不能做**。

不過還是讓我們來探討這「錯」死的觀念吧。生命被疾病斬斷是「錯」的嗎？

「錯」這個字不能用在這裡。那是自然原因。那和希特勒這類人的屠殺是不一樣的。

那麼，意外呢？愚蠢的意外呢？

同樣。那是不幸，是悲劇，但那是**神**的意願。我們無法窺見**神**的心意，無法發現為什麼這種事情會發生。我們也不應去試探，因為**神意**是不可改變的，是不可思議的。要去解開**神**聖的秘密，乃是渴望著超乎人類權限的知識，那是有罪的。

你怎麼知道？

因為如果**神**想要叫我們明白這一切，我們**就會明白了**。事實是**我們不明白**——這便是證據，證明**神意**是要我們不明白。

我明白了。你們之所以不明白**，**就證明那是**神意**。而事情**發生了，**卻又不證明是**神意**。

我想我並不是很會解釋，不過我所相信的是什麼，我自己知道。

你相信**神意，**相信**神是全能的嗎**？

相信。

但跟希特勒有關的事例外。那裡發生的事不是**神**的意志。

對。

怎麼可能這樣呢？

希特勒違背了**神的意志**。

如果**我的意志**是全能的，你認為那怎麼會可能呢？

你允許他去做。

如果**我允許**他去做，那麼**我的意願**就是他應該那樣做。

好像是如此……但**你**究竟是出於什麼**理由**呢？對。**你的**意願是他要有自由選擇。他做了他做的，是出於**他的**意願。

很近了。很接近了。

當然，你是對的。**我的意願**是希特勒——和你們**每一個人**——都有**自由選擇**。

但如果你們沒有做**我要**你們做的選擇，**我的意願**卻不是無止境的懲罰你們。如果那是**我的意願**，則**我**要**你們**做的選擇又如何「自由」呢？如果你們知道你們沒做**我**想叫你們做的事，你們將遭受無可言說的痛苦，那你們還真的是自由的去做你們要做的事嗎？那種選擇又是什麼選擇呢？

那不是懲罰的問題。那只是自然法則。純粹是因果的問題。

我明白你受過良好的神學訓練，讓你一方面認為**我**是一個復仇的**神**，一方面卻又不需**我**為此負責。

但又是誰**定下**這些**自然法則**呢？若說我們可以同意必然是我訂下的自然法則，則**我**又為什麼給你們能力去破壞它們呢？

若**我**不想要你們被這些法則侵害——若**我的意願**是**我這些奇妙的造物**永不當受苦——則為什麼**我**會創造你們可能受苦的**可能性**呢？

再者，**我**為什麼又日日夜夜誘惑你們，要你們去破壞**我**定下的法則呢？

不是**你**誘惑我們。是魔鬼。

又來啦，又是為**我**推卸責任。

你沒有看出來嗎？唯一能使你的**神**學合理的方式，就是使我無能。你知道唯一讓你的構想顯得合理的，就是讓**我的**顯得**不合理**嗎？

「**神**創造了一個生命，而其行為卻是**他**所不能控制的。」這個觀念真的讓你舒服嗎？

我並沒有說你不能控制魔鬼。**你一切**都可控制。你是**神**！那只是**你選擇**不要。**你允許**魔鬼來誘惑我們，試圖贏取我們的靈魂。

但**為什麼**呢？如果不是**我**不要你們回歸**我**，**我**為什麼要做這種事呢？

因爲你要我們出於選擇走向**你**，而不是因爲別無選擇。你設置了天堂地獄，因爲如此可有選擇。如此我們可以出於選擇而作爲，而非由於因別無他途而遵循一途。

我可以明白你怎麼會產生這個想法了。因為**我**在你們的世界做了如此設置，所以你們以為**我的世界**也必然如此。

在你們的現實中，沒有**壞**就不可能有**好**。所以你們以為在**我的**世界中也必然如此。

然而**我**告訴你們：在**我所在**之處，並沒有「壞」。那裡沒有惡。那裡只有**整體的一切，一體的萬有**，以及對此一體之**覺醒**、**覺察**與**體驗**。

我的界域是絕對的界域；在那裡，**一事一物**並不依與**另一事物**的相對關係而存在，而是獨立於任何其他事物的。

我的界域是這樣一個地方：在那裡，**一切所有**皆是愛。

我們在地球上的任何所思、所言、所行，都不會有後果嗎？

哦，當然有後果。看看周遭。

我是說死後。

並沒有「死」。生命永遠永遠繼續下去。生命存在，生命即是（Life is）。你只是改變形象。

好吧，照你所說——在我們「改變了形象」以後？

在你們改變形象以後，後果就不再存在。唯有**知**。後果，是相對關係的一個元素。在**絕對**中，它們沒有地位。因為它們依存於線性「時間」和相續的事件。這些在**絕對的界域中**是不存在的。

在那個界域中，唯有和平、喜悅與愛。

在那個界域中，你們終於知道了那**好消息**：你們的「魔鬼」是不存在的，你們是你們一向以為的那樣——善與愛。使你們之所以以為自己是別的，是由於那瘋狂的外在世界，使你們行為瘋狂。那是一個審判與咒詛的外在世界。別人審判你們，你們由別人的審判來審判自己。

現在，你們要**神**來審判你們，**我**卻不會這樣做。

而由於你們不能了解一個所作所為跟人類不一樣的**神**，你們便迷失了。你們的神學便是為了重新找回你們自己。

你說我們的神學是瘋狂的——但神學若沒有**報償與懲罰**的體制，它怎麼能運作呢？

一切都依你們認為人生的目的為何而定，**神**學的基礎也是如此。

如果你們認為生命是一場測試，是一種考驗，是一段使你加緊腳步以看你「值不值得」的時期，你們的神學就會看來合理。

如果你們認為生命是一個**機會**，一個歷程，讓你們發現——回憶——你們是有價值的（而一向就是如此），那麼你們的**神**學就似乎瘋狂。

如果你們認為**神**是一個心中只有**它**自己的**神**，**它**要求注意、稱讚、愛慕，**而且為了得到這些東西不惜殺人**，則你們的**神**學就開始有凝聚力。

如果你們認為**神**沒有自我或需求，而卻是一切之**本源**，是一切智慧與愛之所在，那你們的神學就會崩潰。

如果你們認為**神**是復仇之**神**，於愛方面嫉妒，生氣時暴怒，則你們的**神**學就很完善。

如果你們認為**神**是和平的**神**，在**她的**愛中欣歡，在**她的**狂喜中熱情，則你們的**神**學就無用。

我告訴你們：生活的目的不是為了取悅**神**。生活的目的是去認知、去重新創造**你是誰**。

這樣做，你們就取悅了**神**，並榮耀了**她**。

爲什麼**你**老是說「她」（Her）？**你**是她（She）嗎？

我既不是「他」，也不是「她」。我有時用女性代名詞，是為了讓你們擺脫父權思考法。

如果你們認為**神**是某一種東西，你們就不會認為它是另一種。而這卻是大錯。

希特勒去天國是因以下幾種理由：

沒有地獄，所以他沒有別處可去。

他的作為是你們所稱之為錯誤的作為——一個未開化的生命的作為——而錯誤

並不是可用咒詛來懲罰的，而是由提供改正的機會、提供進化的機會來改正的。

希特勒的錯誤並未傷害那些被他害死的人。那些靈魂是從他們世間的束縛中被釋放出來，如蝴蝶之脫繭而出。

那些當下的人之所以哀傷這些死難，只因為他們不知道那些靈魂進入何等的喜悅狀態。**凡是經歷過死亡的人，就絕不會再為任何人的死亡悲傷**。

你剛剛說，他們死得不是時候，因此是「錯」的，表示宇宙間有些事情**發生得不得其時**。但就從**我是誰**和**我是什麼**來講，那是不可能的。

宇宙間所發生的一切，都發生得恰如其分（perfectly）。**神**已經很久很久沒有做過錯事了。

當你看出事事物物的徹底完美（perfect）時，你就成熟了——不僅在你同意的事物上，而且——尤其是——在你不同意的事物上看出完美。

這個當然我都知道。這些我們在第一部中都討論過。但對那些沒有讀過第一部的人，我想在本書的前段部分應該有一些基本了解。這是爲什麼我在此提出這些問題，並請你作答的原因。但現在，在我們繼續下去以前，我還要提一提我們人類所創造出來的一些非常複雜的神學觀。比如，我從小就被教導說我是一個罪人，所有的人類也都是罪人，這是我們無可奈何的事，我們生而如此。我們是**生於罪惡**。

有趣得很。別人怎麼能讓你這樣相信呢？

他們告訴我們亞當和夏娃的故事。在教義問答第四、第五和第六級的時候，他們告訴我們，**我們**自己可能沒有犯罪，**嬰兒**當然一定沒有犯罪——可是亞當和夏娃**卻犯了罪**——而我們是他們的後代，繼承了他們的罪過，也繼承了他們罪惡的天性。

你知道，亞當和夏娃吃了禁果——分得了**善**與**惡**的知識——因而他們所有的後代都被判決一生下來就與**神**隔離。我們所有的人一生下來，就在靈魂中攜帶著這種「**原罪**」。我們每個人都有份。因此，我猜，我們每個人都被賦予了**自由選擇**，看我們是不是會做亞當夏娃做的那檔事，不服從**神**，或可克服我們的天生的、遺傳的「做壞事」傾向，而做正確的事情——不管世間有何等誘惑。

如果你們做「壞」事呢？

那**你**就把我們送到地獄。

確實。

對。除非我們懺悔。

我懂了。

如果我們說對不起，做一次**完美的懺悔**，你就救我們脫離**地獄**——但不是免於**所有的**痛苦。我們仍必須去**煉獄**待一段時間，來洗淨我們的罪。

你們必須在「煉獄」裡待多久呢？

看情況。我必須把罪惡燒淨。我可以告訴你，這並不是很愉快的事。我們的罪越多，燒的時間越久，待的時間也越長。他們就是這樣告訴我的。

我 明白。

但至少我們不用下地獄，而地獄是永遠的。可是，如果我們死於大罪，我們就直下地獄。

大罪？

這跟小罪相對。如果我們靈魂帶著小罪❶而死，我們只下**煉獄**就可以了。大罪卻直接被送往地獄。

你可以舉例說明這些別人告訴你的種種罪狀嗎？

當然可以，大罪是**重罪**。例如神學上的重罪、刑法上的重罪——諸如謀殺、強暴；小罪則是較輕的罪。例如星期天不進教堂，或者，如在過去，星期五吃肉。

等等！如果你們星期五吃肉，你們的這個**神**就把你們送往**煉獄**？

對。但現在已經不了。從六〇年代早期就不了。但在六〇年代早期**以前**，如果我們星期五吃肉，那我們就倒楣了。

真的？

絕對。

好吧。那麼，六〇年代早期究竟發生了什麼事，使這個「罪惡」不再是罪惡？

教皇說它不再是罪惡了。

我了解了。而你們的這個**神**——**他強迫**你們崇拜**他**，每個星期天去教堂？不去就懲罰？

不望彌撒是罪。不懺悔——如果死時靈魂上還背負著這罪——你就必須去煉獄。

那小孩呢？那完全不知道**神**的愛是以這些「規矩」為條件的無辜小孩呢？

嗯，如果小孩在受洗之前就死掉，就會到「林泊」去。

去什麼**地方**？

林泊（Limbo，地獄的邊緣）。那不是一個受懲罰的地方，但也不是天國。那是……好吧……**林泊**。你不會與**神**同在，但至少不用「去見鬼」。

但那美麗、無辜的小孩為什麼不能與**神**同在？那小孩沒有**做錯**任何事……

沒錯。但那小孩沒有受洗。小孩或任何人不論多麼無瑕、多麼無辜，都必須受洗才能進天國。不然，**神**就不接受他們。所以，孩子生下來就要趕快受洗。

誰告訴你們這些的？

神。透過**教會**。

哪個教會？

當然是神聖羅馬天主教。這是**神**的唯一教會。事實上，如果你是天主教徒，而你卻不巧進了**別的**教堂，那也是罪。

我認為不進教堂是罪？

對。去**錯的**教堂也是罪。

什麼是錯的教堂？

凡不是羅馬天主教的教堂。你不能在錯的教堂受洗，不能在錯的教堂結婚——你甚至不能進錯教堂。這是我親自的經驗。因爲年輕時我跟父母參加一次朋友的婚禮——我其實是被他們要求做招待員——但修女們告訴我，我不應接受這邀請，因爲那婚禮在**錯的教堂**舉行。

你聽了嗎？

聽那修女們？沒有。因爲我想，**神**——就是**你**——會願意在每個教堂出現，就像在我的教堂一樣。所以，我去了。我穿著小禮服站在聖殿裡，覺得很好。

很好。好，讓我們看看：我們有天國，我們有地獄，我們有煉獄，我們有林泊，我們有大罪，我們有小罪。還有別的嗎？

嗯，還有堅信禮、聖餐和告解，還有驅魔和終敷（臨終塗油禮），還有——

說下去。

還有守護聖徒和神聖奉獻日——

每一天都是神聖日。每一**分鐘**都是神聖的，**現在**，**此刻**，就是**神聖時刻**。

好吧。不過，某些日子**真的**是神聖日——神聖奉獻日——這種日子我們也必須進教堂。

又是「必須」。如果你不，又怎麼樣？

那就是犯罪。

所以就下了地獄。

好吧。如果你的靈魂帶罪而死，你就去**煉獄**。這就是爲什麼要**告解**才好，眞的，越多越好。有些人每週去，有些人每天去。這樣讓他們可以一筆勾銷往事，在死的時候保持乾淨……

嗯——這是時時活在恐懼中。

沒錯，你知道，這就是宗教的目的——把對**神**的恐懼加在我們身上。這樣我們就可以行爲正當，抗拒誘惑。

嗯——嗯。好吧，但如果你們在兩次告解之間犯了「罪」，而發生意外死掉了，那怎麼辦？

沒關係。別怕。只要做完美的懺悔就好。「哦，我的**神**，我非常非常抱歉冒犯了**你**……」

好啦，好啦，夠了。

等等。這還只是世界上的一個宗教。你不想看看別的嗎？

不用，我了解了。

好吧，我希望世人不要以爲我只是在嘲弄他們的信仰。

你誰也沒有嘲弄，只是照實說而已，這正像美國故總統杜魯門曾說過的話一樣。民眾叫道：「杜魯門，讓他們下地獄！」杜魯門說：「我並沒有叫他們下地獄。我只是直接引用他們的話，而那就是**覺得**像地獄了。」

譯注

❶：天主教中的大罪是指不可饒恕的、要入地獄的罪；小罪則是可用祈禱等贖的罪。

沒有一個到你身邊來的人是偶然的，
世間沒有偶然。
沒有什麼事是隨意發生的，
生命不是偶然的產物。

4 希特勒到天國去了

乖乖，我們眞的離題了。我們從討論時間開始，最後卻講到組織化的宗教。

沒錯，跟**神**談話就是會變成這個樣子。很難把談話內容局限在某一個地方。

讓我把**你**在第三章中的重點總結一下：

1 除了**這個**時間以外，沒有別的時間，除了此刻以外，沒有別的時刻。

2 時間不是一個連續體。那是一種相對論的看法。時間是以「上下」的範型而存在，許多「時刻」和許多「事件」是互相交疊的，是在同一個「時間」發生。

3 在這「時間——無時間——一切時間」的界域裡，我們不斷的在諸種眞相中旅行——通常是在夢中。「**恍然若有所覺**」乃是我們覺察此種情況的方式之一。

4 從來就沒有我們「不存在」的時間——也永遠不會有。

5 靈魂的「年齡」這個概念，實際上是跟覺醒的程度有關，而非與「時間」的長度有關。

6 沒有罪惡或邪惡。

7 我們是完美的，正如我們就是我們。

8 「錯」是由心智的概念化產生，出自相對性的經驗。

9 我們是一邊走一邊製造規章，改變它們，以適合我們現在的眞相，而這又完全是對的。若我們要做進化中的生命，則**本應**如此，必須如此。

10 希特勒到天國去了！

11 一切事物的發生都是**神**的意願——**一切事物**。這不僅包括颱風、龍捲風和地震，也包括希特勒。要懂得這些，秘鑰在知曉一切事件背後的**目的**或用意。

12 死後沒有「懲罰」，一切後果只存在於相對經驗中，而不存在於絕對界域。

13 人類的神學是人類爲了想要解釋一個瘋狂而不存在的**神**所做的瘋狂嘗試。

14 人類的神學唯一可以合理之途，是我們得去接受一個完全不合理的**神**。

怎麼樣？又是一個很好的總結嗎？

太棒了！

好。我現在有一百萬個問題。比如，第10和11則，請你再釐清一次。爲什麼希特勒會去天國？我知道你剛剛試圖解釋過，但我就是需要更深入了解。而這些事件背後究竟有什麼目的呢？而這更大的目的，又如何跟希特勒和其他暴君有關呢？

讓我們先說目的。

所有的事件，所有的經驗，都以創造**機會**為目的。事件與經驗就是機會。既不多，也不少。

認為它們是「魔鬼的產品」「**神**的懲罰」「上天的報償」，或任何這類的東西，都是不對的。它們只是事件與經驗——發生的事。

是我們**認為**它們如何，為它們**做了**什麼，**對**它們產生什麼反應，而給了它們意義。

事件與經驗都是被拉向你的機會——被你個人或群體，透過意識所創造。意識創造經驗。你們在試圖提升你們的意識。你們把這些經驗拉向你們，以便可以把它們用作工具，以創造和體驗**你們是誰**。**你們是誰**的那個存在體，比你們現在所展示的這個存在體的意識要更高。

由於**我的意願**是讓你們知道和體驗**你們是誰**，我乃允許你們把你們所選擇去創造的任何事件或經驗拉向你們，以便這樣做。

這宇宙遊戲的**其他遊戲者**也時時會加入你們的行列——有時是**短暫相遇**，有時做**臨時參與者**，有時做**短期夥伴**，有時做**長期互動者**、**親戚**、**家人**，**珍愛的人**或**生命之道的伴侶**。

這些靈魂是**被**你們拉向你們。你們也被他們拉向他們。那是一種相互創造性的經驗，表示雙方的選擇與渴望。

沒有一個到你身邊來的人是偶然的。

沒有偶然這個東西。

沒有什麼事是隨便發生的。

生命（生活）不是偶然的產物。

事件，和人一樣，是被你拉向你，為的是自己的目的。大型的全球經驗和發展是群體意識的結果，它們是你們群體的整體之選擇與欲望的結果。

你用「你們群體」一詞是什麼意義？

群體意識是一個並沒有被人廣泛了解的東西，然而它的力量卻極為強大，如果你們不當心，則往往會超過個人意識。因此，如果你們希望，你們在地球上的生活經驗得以和諧，你們就必須不論做什麼或去何處，都要致力於創造群體意識。

如果你現在處在一個群體中，此群體的意識又不能反映你的意識，而你在此時又還不能有效的改變這群體意識，則離開此群體乃是明智之舉，不然它會帶著**你**走。它會走向**它**要走向的地方，而不管你要不要去。

如果你找不到一個群體其意識跟你的相配，則去做一個群體的起源。其他有相似意識的人會被你吸引。

為了你們的星球有長遠而重大的改變，個人和小群體必須去影響大群體——到最後，是去影響最大的群體，即**全**人類。

你們的世界和處境，是所有在這裡生活的人全部意識的反映。

正如你在周遭所看到的，有許多工作仍須待做——除非你們滿足於現在的世界。

令人吃驚的是，**大部分人滿足於此**。這就是為什麼世界不改變。

這個世界所推崇的是分別，而不是相同；意見的不一致是由衝突與戰爭來解決——而大部分人卻滿足於此。

這個世界是適者生存，「強權即真理」，競爭在所必須，而勝利是至高的善——大部分人卻滿足於這樣的世界。

如果這樣的體制也製造了「失落者」——失敗者，那就讓它製造吧——只要你自己不在其中就好。

即使這樣一個模式，使被人認為「錯」的人常遭屠殺，「失敗者」飢餓而無家可歸，不「強」的人遭壓迫和剝削，大部分人還是滿足於此。

大部分人認為跟他們自己不同的，就是「錯」的。宗教上的不同，特別不被容忍；社會、經濟或文化方面的許多不同，也是如此。

上層階級對下層階級剝削，卻自鳴得意的美其名曰改善了犧牲者的生活，說他們比被剝削之前過得更好。上層階級以這種方式忽視了真正的公正——就是所有的人應當如何被對待——而不僅是使可怕的處境變好一點點，卻從中獲取骯髒的利益。

聽到任何有別於目前體制的體制，大部分人都會**嘲笑**，說競爭、屠殺，與「勝利者分贓」這類行為，是使文明之所以**偉大**之處，大部分人甚至認為沒有別的自然之路可行，認為這樣做是人類的**天性**，認為以別的方式作為，會殺掉驅使人成功的內在精神。（沒有人問「成功什麼」？）

真正啓蒙過的人，固然難於了解你們這套哲學，可是你們星球上大部分的人卻深信不疑。這就是**為什麼**大部分人不在乎受苦的大眾、被壓迫的少數民族、憤怒的下屬階級，或自身及親人以外任何別人的**生存**必需條件。

大部分人並沒有看出，他們是在毀滅地球——那賦予他們生命的星球——因為他們的行為只求自己富裕。令人吃驚的是，他們目光短淺到不能看出短期的所得會造成長期的損失，而這本是經常發生的——也會再度發生。

大部分人會**害怕**群體意識這個概念，這個概念類似於集體利益（群體的善）、單一世界觀或跟萬物一體的**神**，而不是與之有分別的**神**。

凡是能導致合一的事物，你們就害怕，而凡是那有分別之作用的，你們就加以推崇，這造成了分歧與不和諧——然則你們似乎連從經驗中學習的能力都不具備，繼續你們的行徑，造成同樣的結果。

不能像自己的痛苦般體驗別人的痛苦，是使痛苦繼續下去的原因。

分別使人冷漠，使人產生虛假的優越感。合一產生悲憫與同情，產生真誠的平等。

在你們星球上所發生的事情——一成不變已經三千年——我已說過，是你們群體——就是你們星球上整個的人群——的**集體意識**之反映。

這一種層次的意識，最好的形容詞就是「原始」。

嗯，沒錯。不過，我們好像又離開了原來的問題。

其實沒有。你問希特勒的事。希特勒經驗之所以可能，是由於群體意識所產生。許多人說希特勒操縱了群體——也就是他的國人——用的方法是他的狡詐和滔滔善辯。但這種說法卻是一種方便說法，把一切罪責都推到希特勒身上——這不是人民大眾所要的方式。

但如果不是數以百萬計的民眾支持他，跟他合作，寧願屈服，則希特勒什麼也不能做。自稱為日耳曼人的這一小群，必須為大屠殺負起重大的責任。同樣，這稱之為人類的大群，也必須負起重大的責任。因為這人類大群即使並沒有做什麼，卻也是漠然的允許，漠然於德國所發生的痛苦——直至其情況是如此嚴重，以至於連心腸最冷硬的分離主義也不能再漠視為止。

所以，是**集體意識**提供了納粹運動的沃土。希特勒只是抓住了時機，但並不是他創造了這個運動。

必須要懂得這其中的**教訓**。一個持續在強調分別和優越感的群體意識，會使悲憫之情大量消失，而悲憫之情的消失，則無可避免的會隨之以良心的喪失。

以狹隘的民族主義為基礎的集體概念，會忽視他人的苦難，卻會要所有的別人為**你們的**苦難負責，因而為報復、「整風」和戰爭製造藉口。

奧許維茨集中營是納粹解決「猶太問題」的辦法——是一種試圖「整風」的企圖。

希特勒經驗的可怕，並非在他把此經驗加諸於人類身上，而是**人類允許他去**

做。

令人吃驚的不僅是希特勒的出現，而是還有那麼多人**同行**。

可恥的不僅是希特勒屠殺了好幾百萬猶太人，而是在希特勒被迫住手以前，必須有好幾百萬的猶太人被屠殺。

希特勒經驗的用意，乃是向人類顯露它自己的面貌。

整個歷史中，你們都不乏出眾的教師向你們顯示機會，讓你們記得**你們真正是誰**。這些教師向你們顯示了人類的最高潛能和最低潛能。

他們向你們呈現了生動的、令人透不過氣來的例子，讓人知道做為人，可以是什麼樣子——由於人的意識，你們有許多人**能夠走向何處，願意走向何處，會走向何處**。

務須記得：意識是一切，它會創造你們的經驗，**群體**意識力量強大，會製造出無可言說的美麗與醜惡。而選擇則總由你們。

如果你們不滿意你們的群體意識，就要想辦法改變它。

改變別人意識的最佳途徑，就是你以身作則。

如果你自己不夠，則組成一個自己的群體——讓自己成為你們想要別人去經歷的那種意識之泉源。當你們身體力行，他們就會——願意——去經歷。

是從你開始。一切事情，樣樣事情。

你想叫世界改變？那就先把你自己世界裡的事改變。

希特勒給了你們最好的機會這樣做。希特勒經驗——像基督經驗——向你們顯示了你們自己的面目，其意義和真理是深遠的。然而，這些較深遠的覺醒——不論是希特勒的，還是佛陀的；成吉思汗的，還是克里希那的；匈奴人阿鐵拉的，還是耶穌基督的——只有在你們記得他們時才存在。

這就是為什麼猶太人要建立大屠殺紀念碑，要求你們永不忘記。因為你們每個人心裡都有一小塊希特勒——不同的只是程度。掃除一個民族就是掃除一個民族，不論是在奧許維茨，還是在傷膝澗（Woundeed Knee）。

所以，希特勒是被派遣來給我們一個教訓，讓我們知道人可以做出多麼可怕的事，人可以墮落到多麼深的地步？

希特勒不是被派遣給你們的，希特勒是**由**你們所創造的，他起於你們的集體意識。沒有這種集體意識，他不可能存在。**這**就是你們的教訓。

分別種族隔離和優越意識——「我們」有別於「他們」的意識——就是希特勒經驗的創造者。

神聖兄弟情誼的**一體**的、合一的、我們的意識，而非「我的，你的」意識，則是基督經驗的創造者。

當痛苦是「我們的」，而不只是「你們的」；當歡樂是「我們的」，而不僅是我的；當整體生活經驗是我們的，則就終於是真正的了——真正整體的生活經驗。

為什麼希特勒到天國去了？

因為希特勒沒有做任何「錯」事。他只是做了他做的事。我要再次提醒你：有許多年的時間，上百萬人都認為他是「對」的。他怎麼可能會不認為如此呢？

如果你冒出某個瘋狂念頭，而上千萬的人都同意，你就很可能不會覺得自己多瘋狂。

這世界——終於——認定希特勒是「錯」的了。這乃是說，世界上的人對他們是誰和他們選擇做誰，參照希特勒經驗，做了新的評估。

他拿出一把尺來，設了一個參數，一個界線，依此我們可以測量和限制我們對自己的觀念。基督所做的也是同樣的事，只不過是在光譜的另一端。

還曾有過別的基督、別的希特勒，以後也會再有。所以，要警覺。因為高等意識和低等意識的人都走在你們之間——正如你們走在他人之間。你又帶著什麼意識呢？

我還是不明白希特勒怎麼可能會去天國。他所做的事怎麼會得到這樣的報償呢？

首先，要了解，死並不是結束，而是一種開始。不是一種可怕之事，而是一種喜悅。它不是一種關閉，而是一種開啓。

你們一生最快樂的時刻，便是結束的時刻。

這是因為它並不結束，而是以如此輝煌的方式繼續，如此充滿了和平、智慧與喜悅，以致難以描繪，也無法讓你們了解。

所以，你首先要了解的——如我已經向你解釋的——是希特勒並未傷害任何人。在某種意義上來說，他並沒有造成任何痛苦，他只結束了它。

佛陀曾說「生是苦」，他說得對。

即使我接受這種說法，但希特勒並不知道他實際上是在做好事，他以爲他在做壞事。

不，他不曾以為自己做了什麼「壞」事。他實際上認為他是在幫助他的人民。而這是你所未能了解的。

任何人，以他自己的世界模型而言，都沒有任何「錯」事。如果你以為希特勒明知自己瘋狂，還一直做著瘋狂的事，則你對人性經驗的複雜性還一無所知。

希特勒以為他對自己的人民做了好事。而他自己的人民也認為他如此！**這才是瘋狂之所在**！德國大部分的人民都同意他！

你們宣稱希特勒「錯」了。好，你們又用這個尺度重新界定了自己，對自己知道得更多一點。好。但不要因希特勒為你們把這個尺度**顯示出來**而詛咒他。

必得有人做這種事。

如果不是熱，你們無法知道冷；如果不是下，你們無法知道上；如果不是右，你們無法知道左。不要詛咒其一而祝福其二。因為這樣乃是未能了解。

千百年來，大家都在詛咒亞當和夏娃。人們說他們犯下了**原罪**。我告訴你們：那是**原福**（The Original Blessing）。因為若沒有發生那件事——分得善與惡的知識——則你們甚至連這兩種可能性的存在都可能不會知道！事實上，在亞當墮落之前，這兩種可能性是不存在的。

那時沒有「惡」。每一個人，每一個物，都存在於恆久的完美狀態。那名副其實是天堂，是樂園。然而你們那時不知那是天堂——不會體驗它為完美——因為**你們不知道任何別的情況**。

因此，你們應當詛咒亞當和夏娃呢，還是該感謝他們呢？

而你說，**我**該如何對待希特勒？

我告訴你：**神**的愛和**神**的悲憫，**神**的智慧和**神**的原諒，**神**的用意和**神**的目的，都足夠大到可以容納亞當的罪行和至惡的罪犯。

你們可以不同意這個，但沒有關係。你們才剛剛習知你們到此所要發現的是什麼。

5 你比你想像的要大得多

第一部書中，**你**曾答應要在這第二部書裡解釋許多較廣較大的事物——如時間與空間、愛與戰爭、善與惡、最高層次的全球政治。你也曾答應要更進一步——更詳盡的——解釋人類的性經驗。

沒錯，**我**統統答應了。

在第一部中，**我**討論的主要以個人的事情為主，第二部則以你們在地球上的集體生活為主。第三部則討論最廣大的真相：宇宙論、宇宙的全圖、靈魂的旅程。加起來，乃是**我**目前能對你們的一切事物——從穿鞋到了解宇宙——所提供的最佳資訊與忠告。

關於時間，**你**要說的都說完了嗎？

我已經說完你們需要知道的部分。

沒有時間。一切事物都是同時存在的。所有的事件都是同時發生的。這本書正在寫，由於正在寫，所以它已寫完；它已存在。事實上，你所有的資訊正是由此得來——從已經存在的書。你只是賦予它形式。

此乃這句話的意思：「即使在你要求之前，我就已答應。」

關於時間，這些資訊似乎……嗯，都很有趣。不過那很神秘。它對眞實的生活具有什麼實用價值嗎？

對時間的真正了解，可以讓你在你們相對性的真相中，生活得更為平靜——在你們的相對真相中，你們把時間當作一種運動、流動在經驗，而非當作恆定。動的是**你們**，而不是時間。時間不動。只有**一個時刻**。

在某一層次上，你們對此有深刻了解。這乃是當有某種真正重大或有意義的事情發生時，你們常說好像「時間停止」了。

它是停止的。而當你們也這樣，你們往往會經歷到一種攸關生死（life-defining）的時刻。

我發現這難以置信。這怎麼可能呢？

你們的科學已經在數學上**證明了**這一點。已經寫出的數學公式顯示出，如果你進入太空船，飛得夠遠夠快，你們會轉回地球**看著自己出發**。

這證明，時間不是一種**運動**，而是你在其中運動的場（field）——而在此說法中，你乘的是地球號太空船。

你們說，要三百六十五「天」來構成一年。然則「天」又是什麼呢？你們決定——**我**可以說，這是相當隨便的——一「天」是你們的太空船在自軸上整整轉一個圈所需的「時間」。

你們又怎麼知道它這樣轉了一圈呢？（你們不可能感覺到它在動！）你們在天空中選一個參考點——太陽，你們說，你們在太空船所在的位置面對太陽，轉離太陽，再重新面對太陽，用了整整一「天」。

你們把這一「天」分成二十四「小時」——又是十分隨便的。你們本也可以說它是「十」或「七十三」！

然後你們又把「時」分成「分」。你們說每一小時包含六十個更小的單位，稱之為「分」——而每一分又包含更小更小的六十個單位，稱之為「秒」。

有一天，你們發現地球不但在自轉，而且還在**飛**！你們看出它是**繞著太陽**在太空中移動。

你們小心計算出，地球繞著太陽轉一圈，它自己要轉三百六十五圈。這些圈，你們稱之為一「年」。

但當你們想把一年分成比「年」小、比「天」大的單位時，你們發現有點一團糟。

你們創造了「週」和「月」，你們設法使每年的月數都一樣，卻無法使**每個月的天數**都一樣。

你們無法用偶數十二來整除單數三百六十五，因此你們決定**有些月比另外一些月多一天**！

你們之所以覺得必須把一年分成十二個月，是因為你們看到月亮一「年」會轉十二次。為了調合這三種太空事件——地球繞日、地球自轉和月亮循環——你們的辦法便是調整每個「月」的「日」數。

即使如此，你們還是未能解決所有的問題，因為你們早期的發明對「時間」有所「增益」，使你們不知如何處理。結果，每隔幾年你們就決定**多出整整一天**！你們稱那一年為閏年，而說來好笑，你們就真的靠這種構想**生活**——然後卻稱**我的**解釋為「不可思議」！

你們的「十天」「百年」也是同樣隨便決定的（有趣的是，不是以十二為基礎，卻是以十），用以測量「時間」的度過——但你們所做的這一切，其實都只是測量**在空間運動的方式**而已。

這樣，我們可以明白，「過去」的不是時間，而是事物，是在一個你們所稱之為「空間」的靜止場中的移動。「時間」只是你們**計算運動**的一種方式！

科學家們深深了解此一關連，因此他會有「時空連續體」（**Space-Time Continuum**）之說。

你們的愛因斯坦博士和有些人，明白了時間是心智的一種構想，是一個相對論性質的概念。「時間」是跟物體與物體**之間的空間**相對的東西！（設若宇宙在膨脹——是真的——則現在地球繞太陽一周，就比十億年前的時間「長」一些。因為它要動的「空間」更多。）

因此，這些轉動的現在比在一四九二年就要花更多的分數、時數、天數、週數、月數、年數和世紀數！（什麼時候一「天」不再是一天？一「年」不再是一年？）

現在，你們新穎而複雜的時間計算工具，記錄出了這「時間」的差距，因而每一年全世界的時鐘都要調整，以配合這不肯靜止的宇宙！這叫作格林威治平太陽時（Greenwich Mean Time）……不錯，確實是「平」（mean，卑鄙），因為它讓宇宙顯然像個謊言家！

愛因斯坦推論道，在動的並不是「時間」，而是那些以某一速度在空間中的移動的人；而要「改變」時間，那人所必須做的只是改變物體之間的空間距離，或改變他從某一物體移往另一物體時的速度。

在他的廣義相對論中，他擴充了你們現代對時間與空間的相對性的了解。

現在你們可以開始了解，如果你們在太空中旅行再回來，何以你們可能只增加了十歲，而地球上的朋友卻可能增加了三十歲！你們旅行得越遠，越是扭曲了時空連續體，則你們回到地球上發現離去時的人還活著的機會越少！

然而，如果地球上「未來」的科學家，能夠開發出一種**加速更快**的辦法，他們就可以「騙過」宇宙，跟地球上的「真正」時間同步，回來時發現地球上所度過的時間和太空船上所度過的時間相同。

顯然，如果能得到更大的驅動力，就可以在出發之前返回地球！這是說，地球上的時間會過得比太空船上的**更慢**。你們在你們的十「年」時返回，而地球上才「過了」四年！速度加大，則太空中的十年可能在地球上只有十分鐘。

現在，還有太空結構中的「褶層」（fold）（愛因斯坦和另外一些人相信有這種「褶層」存在——而他們是對的！）你們可以在無限短的時刻中突然「越過」太空！這樣的一種時空結構，會不會把你們「投」回「時間」中呢？

現在，說「時間」僅是你們腦中的構想似已不太難懂。一切曾經發生過的事，現在都還在發生，而且將要發生。是否能觀察到這種情況，端看你觀看的位置——你在「太空中的位置」。

如果你在**我的**位置，你就可以看到一切——**在此刻**！

明白嗎？

哦！我**開始**——在理論上——嗯，**明白**！

好。**我**在此處是用非常簡單的方式對你們解釋，可以讓小孩都聽得懂。這可能不算很好的科學，不過很好了解。

目前，物質體在速度上是受限制的——但**非物質體**——我的意念……我的靈魂……在理論上，可以用不可置信的速度在太空移動。

完全正確！**完全正確**！夢中和其他出體（Out-of-body）與精**神**體驗往往就是這樣。

現在你了解「**恍然若有所覺**」了，你可能曾經在那裡。

但是……如果一切都**已經發生過**，那麼，我就不可能改變我的未來了。這是不是命定論呢？

不是！別上那個當！那不是真的！事實上，這種「展示」應當**有助**於你，而非**有礙**於你！

你永遠都處在自由意志和完全選擇的地位。由於你能夠看到「未來」（或讓別人為你看），乃能加強你的能力，去過你想要過的生活，而非限制了你。

要怎麼樣才能做到呢？這一點我需要幫助。

如果你「看到」某一未來的事件或經驗是你不喜歡的，就不要選擇它！重新做選擇，選別的！

改變你的行為，以便**避免不想要的後果**。

但如果是已經發生的事，我怎麼可能避免呢？

對你來說，它還沒有發生！你處在時空連續體中的這樣一個位置，你並未**有意識的覺察**到那事件的發生。你並不「知道」它已「發生」。你並未「記得」你的未來！

（這一種「忘記」是**一切時間的秘密**。這就是使你得以「玩」生命的大戲之原因！我以後會再解釋！）

凡是你不「知道」的，就不是「如此」。由於「你」尚未「記得」你的未來，它對你來說就尚未「發生」！這一件事情只有在「經驗」到時才「發生了」。一件事情只有在「知道」了時才「經驗到」。

現在，讓我們這樣說：你被賜予對你的「未來」短短的一瞥，一剎那的「知」。你的精**神**體（Spirit）——就是你的非物質部分——疾速前往時空連續體中的另一處，帶回那一時刻或那一事件的某些殘餘能量——某些影像或印象。

這些是你可以「感覺」到的——有時候是由別人，由那發展出形而上能力、可以「感覺」或「看到」圍著你轉的那影像和能量的人。

如果你不喜歡你對你的「未來」的「感覺」，那就站開！只要站開就行！在這一刻，你就改變了你的經驗——而每個你都會鬆一口氣！

等等！什——麼？

你必須知道——現在你已預備聽取——你同時存在於時空連續體的每一個層面。

就是說，你的靈魂**過去在**、**現在在**、**永遠在**——直至永無止境——阿門。

我「存在於」不只一個地方？

當然！你**處處**都在——並且時時都在！

在未來有個「我」，在過去也有個「我」？

「未來」和「過去」並不存在，這是我們剛剛費了許多力氣才了解的。不過，用你們現在慣用的話來說，沒錯。

我不只一個？

你**只有**一個，但你比你想像的要**大得多**！

所以，當「現在」「存在」的我，改變了他「未來」所不喜歡的某件事，則存在於「未來」的我，就不會經驗到這一部分？

基本上說是這樣。整幅拼圖會改變，但他永不會喪失他給自己的經驗，他只是鬆一口氣，為「你」不用經歷那件事而高興。

但那「過去」的「我」還是得「經歷」那件事，因之他直接走進去？

就某個意義來說，沒錯。但當然「你」可以幫助「他」。

我可以？

當然。先把你在經歷之前的「你」改變，則在你之後的「你」就可能永遠不需去經歷！你們的靈魂就是以此設計而演化的。

同樣，你**未來的**你也可以從他**自己**未來的自己得到幫助，因而幫助你去避免他所未做的事。

你聽懂了嗎？

懂。這玄妙得很。可是我現在有**另一**個問題。前生又是什麼呢？如果我一向就是「我」——在「過去」與「未來」都是「我」——則我怎麼可能在前生曾經是另一個人呢？

你是一個神聖存在（Divine Being），能夠在同「時」有不同的經歷——能夠按照你的選擇，將你的本我愛分成多少不同的「自己」，就分成多少。

你可以一再一再以不同的方式過「相同的生活」——這是我已解釋過的。你也可以在連續體上於不同的「時間」過不同的生活。

因此，就在你是你的此時此地，你可以也在、曾在別的「時間」、別的「地方」，是別的「自己」。

好慘。這是「複雜」加「複雜」了！

對，我們這還只是搔搔表皮呢！

要知道：你是神聖配比（Dinine Proportion）的存在體，沒有限制。你的一部分選擇以你目前經歷的身分來認知你自己。然則這絕不是你的生命的界限——儘管

你以為如此。

爲什麼？

你**必須**以為如此，不然你就不能去做你這一生自己要去做的事情。

但這又是爲什麼呢？**你**以前曾跟我說過，但請再告訴我一次，「此時」「此地」。

你用你全部的生命——你一切的**生生世世**——去**做**你真正是誰，並**決定你真正是誰**；去選擇和創造你真正是誰；去經歷和實現你當前關於你自己的想法。

你是處在這樣的**永恆時刻**：藉由**自我**表現而**自我創造**與**自我實現**。

你吸引生活中的人、事與環境，做為工具，藉此來締造你對自己最偉大的意象之最恢宏的版本。

這種創造與再創造的歷程是一直在進行的，永不終止，而且是多層的。在許許多多層次上，「正在此時」都正在發生。

在你們的線性實況中，你們把經驗視為過去、現在與未來的經驗。你們想像自己有一次的生命，或者，也或許想像為有多次生命，但某一時間中只有一個。

但設若沒有「時間」呢？那麼，你們不就同時**有所有生命了**嗎？

你們**真的是如此**！

在你的**過去**、你的**現在**、你的**未來**，你都同時在過著你**這個**生活——這個你目前實現了的生活！你是否對未來的某件事情曾有過一種「奇怪的預感」？——那麼強而有力，以致使你避開了它？

用你們的語言說，這叫作「預兆」（預先的警告）。從我的觀點來看，那則只是你突然覺察到你剛剛在你的「未來」所經歷到的事。

你那「未來的你」說：「嗨，這不是好玩的，不要做這件事！」

你們也在此時過著那稱之為「前世」的生活——只不過你們把它當作「過去」的事情來經歷（設若你們會感受到這經歷的話），而這又正好。如果你們對於正在進行的事有**全然的覺察**，則你們玩起這奇妙的生之遊戲便非常困難。即使此處所做的描述，也不能給與你們這種覺察。若能，則這「遊戲」就已結束！這個經歷之所以為歷程，就是因這歷程是完整的——包括在此階段你們對它缺乏完全的覺察。

所以，祝福這**歷程**吧！並以它為那最**仁慈的創造者**之最偉大的禮物而接受它！擁抱這**歷程**，以和平、智慧與喜悅來通過它。運用這歷程，將它從你所**忍受**的事情**轉變為**你所從事的事情，以之做為創造一切時間中至為輝煌的經驗之工具：此經驗乃是實現你**神聖的本我**。

那麼我要怎麼樣才能做得最好？

不要把你現在這可貴的時光，浪費在追問生命一切的秘密上。

這些秘密之所以為秘密，是有原因的。允許你們的神為你們留作秘密吧！將你們**現在的時刻**用在**至高的目的**上——創造並表現**你真的是誰**。

要決定你是誰——**你想要是誰**——然後盡一切所能去達成。

把我對你所說有關時間的話當作框架，在你有限的領會之內，建起你最恢宏的理念。

若有關「未來」的印象來到你心上，則尊崇它。若有關「前世」的觀念來到你心上，則看看對你是否有何用處——不要只是不予理睬。更重要的是，如果有一條路讓你知道如何在此時此地，以更為樂觀的方式去創造、展示、表達和經歷你的**神聖自我**，則**遵循**它。

而真有一條路讓你知道了，因為你曾請求。這本書的書寫，就是你的請求的一個徽記，因為若不是有一個準備著去認知的靈魂，如果不是有一個開放的心，你不可能寫出此刻正在你眼前的這本書來。

凡**閱讀此書**的人也一樣，**他們也創造了這本書**，不然他們怎麼可能**經歷到**呢？每個人現在都在創造每一件他所經歷的事——而這話的另一種說法是，我**現在在創造每一件被經歷的事，因為我是每一個人**。

現在你看出那對稱美了嗎？你看出那完美了嗎？

所有這些都包含在一個真理中：

我們是一。

自由的五重路：

先開始對自己説關於自己的真話；

然後對自己説關於別人的真話；

然後對別人説關於自己的真話；

然後對別人説關於他人的真話；

最後對人人説事事的真話。

6 宇宙，是神的呼吸

告訴我空間是什麼。

空間是……被證實了的時間（時間的鋪展）。

事實上，並沒有空間這麼一種東西——沒有純粹的、「空虛的」、沒有任何東西在其中的空間。任何東西都是某種東西。即使最「空虛」的空間都充滿了「氣」❶——那麼稀薄，在無限的區域中如此之延伸，以致它們似乎並不存在。

接著，在氣離開之後，是能。純粹的能。這能展現為振動、搖動。萬有以一種特殊的頻率而呈現的運動。

不可見的「能」乃是那將「物質聚在一起」的「空間」。

宇宙中所有的物質都曾經——用你們的線性時間模式來說——濃聚為小小的一點。你們無法想像這小點的濃度——這是因為你們以為**現在**所存在的物質是濃縮的。

事實上，你們說的物質大部分是空間。所有「固體」的物體都是百分之二的固體，百分之九十八的「空氣」！一切物體的最小微粒之間的空間都是巨大的。這種情況就像夜空中天體之間的距離，而你們卻將這些物體稱之為**固體**！

在某一點上，整個宇宙確實曾是「固體」。那時在粒子與粒子之間真正**沒有空間**。一切的物質都將「空間」剔除在外——而當巨大的「空間」除去之後，物質所占的區域就小於一個針尖。

在此「時間」之前，確實還有一個「時間」，那時根本沒有物質。那時只有最純粹的最高振動能量，是你們會稱之為**非物質的**。

在有時間「之前」——在你們所知的宇宙存在之前——有時間存在。但此時**沒有任何東西**以物質的面目存在。有些人認為那是樂園或「天國」，因為「沒事」。

（nothing was the matter，❷）

（現在你們的用語中，當你們懷疑出了什麼問題時，不是說「怎麼啦？什麼事？」〔What's the matter〕嗎？這不是偶然。）

在初始，純粹的能——**我**！振動、擺動得如此之快，而形成了物質——**宇宙中所有的物質**！

你們也能夠完成同樣的奇蹟。事實上，你們天天都在做。**你們的意念便是純粹的振動**——而它們能夠，而且真的在創造物質！如果你們有足夠的人保持相同的意念，你們就可以對物質宇宙的某些部分產生衝擊，甚至可以創造某些部分。這我已在第一部中解釋得很詳細了。

宇宙現在正在膨脹嗎？

以一種你們無法想像的速度！

它會一直膨脹下去嗎？

不會。因為使其膨脹的能量將會消失，而把東西聚合的能量將會接管——這個時刻將會到來，把一切東西重新「拉回」。

你是說宇宙將會收縮？

對。所有的東西真的會「重歸本位」！而你們也會再有樂園，沒有任何東西，沒有物質，只有純粹的能。

換言之——就是**我**！

到最後，統統要回歸**我**，亦即「全歸於此」（It all comes down to this.）。

這意謂我們不再存在！

不再以物質的形式存在。但你們**會永遠存在**。你們無法**不存在**。你們**就是**那**存在者**。

在宇宙「塌陷」之後，會發生什麼事情呢？

整個過程會重新開始！會有另一次所謂的大爆炸，另一個宇宙會誕生。它會膨脹，會收縮。然後會一再反覆。一再一再。永遠永遠。世界永無終止。

這是**神**的呼吸。

嗯，好吧，所有這些也都非常有趣——但跟我的日常生活沒有多大關係。

我說過，花費大量時間試圖揭露宇宙最深的秘密，可能不是你此生的時間最有效的用法。然而對這大歷程做門外漢模式的簡單比喻和描述，也可以使你們獲益。

比如呢？

比如了解一切事物都是周而復始的，包括生命自身。了解宇宙的生命，會有助於了解你內在的宇宙。

生命是周而復始在運行的。一切事物都是周而復始的。一切事物。當你了解這個，你就更能享受這歷程，而不只是忍受它。

一切事物都周而復始運行。生命有其自然節奏，而一切都依此節奏運行；一切都與此流同行。因而有這樣的說法：「普天之下，一切事物的一切作為，皆有其時。」

了解這個的人是聰明的；運用這個的人是智慧的。

女人更懂得生命的節奏。女人依節奏度其一生。她們跟生命本身的節奏相合。女人比男人更能「合流」。男人想要推、拉、抗拒、指導那流動。女人則體驗它，然後與之相融相合，以達成和諧。

女人聽到風中花朵的旋律。她看到那不可見者的美。她感覺到生命的牽引與促動。她知道什麼是跑的時候，什麼是休息的時候；什麼是笑的時候，什麼是哭的時候；什麼是抓住的時候，什麼是放手的時候。

大部分女人優雅的離開她們的肉體。大部分男人抗拒離開。女人當在身體之內時，也都優雅的對待她們的身體。男人則用可怕的態度來對待身體。這乃是他們對待生命的態度。

當然，任何常態均有例外。**我**在此所說的是概論。**我**說的是事情一直到現在的情況。**我**是以最泛論的方式在說。但若你們注視生活，承認所看到的，則你們可以在此概論中發現真理。

這卻使我感到悲哀，這讓我覺得女人似乎比男人優越。她們比男人的「好料子」多一些。

生命輝煌的節奏之一是陰與陽。「存在」（Being）的某一面向並不比另一面向「更好」或「更完美」，兩種面向都僅是奇妙的面向。

男人，顯然秉賦著**神**性的其他映像，而這又令女人欣羨不已。

然則也曾有言，生為男身，乃是你的測驗場，或你的考驗。當你當男人當得夠久——當你因你的愚蠢已經受夠了痛苦，當你由於你創造的災難招致的痛苦已夠，當你對別人的傷害已足以終止你的行為——用理性來替代侵犯，用悲憫來替代輕視，用「無人損失」來替代「總是贏」——那時你就可以成為女人了。

當你學會強權**不是**「真理」；力量**不是**「控制」而是「**並肩**」；絕對的權力與能力一無所求；當你了解這些事情，那麼你就配穿上女人的身體——因為你終於了解了她的本質。

那麼，女人是比男人更好了。

不！不是「更好」，而是不同！是你自己在做此判斷。在客觀的真相中，並沒有「更好」或「更壞」這類東西。只有是什麼和你**想要是什麼**。熱並不比冷更好，上並不比下更佳，這一點我曾說過。因此，女性並不比男性「更好」。她只是她，正如你是你。

然則你們卻並非被局限的，不是誰比誰更受到限制。你可以成為你希望成為的，選擇你想要經驗的。在這一生或下一生，或下下一生——正如你在前一生。你們每一個都一直在選擇中。你們每一個都是由萬有造成的。在你們每一個身上都有男性和女性。表現和經歷那讓你們喜歡表現和經歷的面向吧！然則要知道，萬有是向你們每個人開放的。

我現在不想去談別的話題。我要留在這男性與女性的話題裡久一些。你在上一本書末尾曾經答應，要對整個兩性的局面談得更詳細一些。

沒錯。**我**想現在是我們——你跟**我**——談談性的時候了。

譯注

❶：英文用 vapors，原意爲蒸氣、汽、霧、煙霧、無實質之物、空想的東西等等。在本文中，也許其意更接近中文的「氣」，故採此譯。

❷：此語和 no matter（不要緊，沒事）及 nothing the matter（沒毛病）相關。

7 愛，愛，去愛那你們想要的東西吧

爲什麼**你**創造兩性？這可是你認爲我們歡悅和再創造的唯一途徑？我們應當如何對待稱之爲「性」的這妙不可言的經驗？

當然，不用帶著羞恥感。不用帶著罪惡感，不用帶著恐懼感。因為羞恥感不是美德，罪惡感不是善，恐懼感不是榮耀。不要帶著貪婪，因為貪婪不是熱情；不要帶著背棄之心，因為背棄不是自由；不要帶著侵犯之意，因為侵犯不是渴望。

而顯然，不要帶著控制或權力之念，因為這些跟愛都沒有關係。

但是……性是否可以純為個人滿足呢？令人驚奇的是，答案是可以。因為，「個人的滿足」正是自愛（Self Love）的另一個說法。

多年來，個人滿足都名聲狼藉，而這乃是何以有那麼多罪惡感附著在性上。

別人告訴你們，對於這種**那麼令人滿足的事**，你們不可用來做個人滿足之用！這矛盾是顯然的，因此你們不知道該怎麼辦！所以，你們決定，在「其前、其中、其後，都感到那麼好」的性事，你們要有罪惡感——至少這樣會讓事情看起來好一點。

這就像你們一位著名的歌手——她的名字我在此不提——由於唱歌而收到數百萬元。當人詢問她為何不可思議的成功與致富時，她說：「因為我是這麼愛做這件事，我幾乎有**罪惡感**！」

這話的意涵很清楚。如果那是一件你愛做的事，你就不應當另得金錢的報酬。大部分人是靠做他們厭惡的事而賺錢——或至少是**艱辛工作**，而非無止境的喜悅之事！

所以，世間的訊息是：如果你覺得不喜歡，你就可以享受它！

罪惡感往往被你們用來對你們明明覺得好的事去覺得壞——好讓你跟**神**重歸於好……因為你們認為**神**不要你們對於任何事情覺得好！

你們尤其不可對身體的喜悅覺得好。又絕對不能對（就像你們的老祖母常常小聲說的）「性」……

好吧，好消息是：**喜歡性根本就是好的**！
事實上，那是你們的使命。你們本應如此！
愛你自己也根本就是好的！
不應該的是耽溺在性上（或任何事物上）。但愛上性，好得很！
每天這樣說十次：
我喜歡性！
每天這樣說十次：
我喜歡錢！
好啦，你還想要一個真正夠勁的嗎？那每天試說十次：
我喜歡我！
還有一些東西是被人認為不該喜歡而實際卻喜歡的：
權力（能力）
榮耀
名譽
成功

得勝

還有呢？下面這些。如果你喜歡這些，你真的應該覺得有罪囉：

別人的奉承

比以前更好

擁有得更多

懂得怎麼做

懂得為什麼

夠了嗎？等等！下面這兩種對你們來說，更是一種終極的罪惡。如果你覺得你懂得**神**（認識**神**）。

這是不是很有趣？終其一生，你們都被弄得對你最想要的東西感到罪惡。

然而我告訴你們：愛、愛、去愛那你們想要的東西吧！因為你們對它們（他們、她們）的愛，會把**ㄊㄚ**們拉向你們。

這些東西是生命或生活的質材。當你愛**ㄊㄚ**們，你就是愛生命！當你宣布你渴望**ㄊㄚ**們，你就是在宣布你選擇了生命所能提供的一切好的東西！

所以，選擇性吧！——凡是能夠得到的所有的性！

選擇**權力**吧！——所有你能掌握的權力！

選擇**名譽**吧！——所有你能獲得的名譽！

選擇**成功**吧！——所有你能得到的成功！

選擇**勝利**吧！——所有你能經驗到的勝利！

但是不要以性來替代愛，而是**以性做為愛的歡呼**；不要選擇壓制他人的權力，而是**並肩合作的權力**（能力）。不要以名譽為目的而選擇它，**卻是以它為更大的目的之手段**。不要選擇以他人為代價的成功，**而是以之為工具去幫助他人**。不要選擇不計代價的勝利，**而是得勝卻不要他人揹負任何代價**，甚至**為他們帶來益處**。

放手去做吧！選擇別人對你的讚譽——但要看出所有的人都是你可以大加讚譽的生命，並真的去讚譽。

放手去做吧！選擇「更好」——但不是比別人更好，而是**比你自己原先更好**。

是的，選擇「懂得怎麼做」和「懂得為什麼」——以便你可以跟他人**分享**知識。

要用盡一切方法選擇**認識神**。事實上，**先選擇這個**，其他一切都會隨之而來。

你們整個一生都被教導給與比接受更好。**然則你不可能把你沒有的東西給予他人。**

這乃是為什麼自己的滿足是如此重要，也是為什麼把它視為如此醜惡是如此不幸。

顯然，以他人為代價的自我滿足，不是我們此處所談的意思。然則人生也不應當**忽視自己的需求。**

給予自己豐富的享受，你將會有豐富的享受給予他人。

譚崔的性學大師們很懂得這一點。這就是為什麼他們鼓勵自慰——而你們有些人稱此事為罪惡。

自慰？哦，老兄——**你**眞的是越講越遠了。你怎麼會想到這種話？**你**怎麼連這個也說？**你**這訊息本應是來自於**神**的！

我知道了。你對自慰有成見。

不，**我**沒有，可是很多讀者可能有。而且我以爲我們的對話是要製成一本書給別人去讀的。

沒錯。

那你爲什麼故意觸怒他們？

我沒有「故意觸怒」任何人，要不要「被觸怒」是他們的自由選擇。然而，你真的以為我們既要坦坦白白的談論人類的性，而又可以不讓任何人自己選擇「被觸怒」嗎？

不。但我們的話題還是有點過了頭。我不認爲大部分人已經準備好要聽**神**談論自慰。

如果這本書局限於「大部分人」所準備好要聽的**神**所說的題材，那就是一本小書了。當**神**要說話的時候，大部分人是從來沒準備好要去聽**他**說什麼的。他們通常都要等兩千年。

好吧，說下去。我們都已經經過開頭的震撼了。

好。**我**只是在用這一種生活經驗（順便說一聲，這是你們每個人都做的。只是沒人會說）來說明更大的一點。

這更大的一點，再說一遍，是：**給予你們自己豐富的享受，你們便有豐富的享受給予別人。**

譚崔性學——順便說一聲，這是非常高明的性的表現方式——的教師們知道，如果你帶著性的飢渴來接近性，則你取悅伴侶的能力就會大減，去體驗靈魂與肉體經久與歡悅的結合——這是體驗性生活非常好的理由之一——之能力也將大減。

因此，譚崔的戀人往往在互娛之前先自娛。這往往是在對方面前，而常常也互相幫助、鼓勵與指引。在起初的飢渴已獲滿足之後，兩人更深的渴望——由經久的結合而產生的狂喜——才能得到輝煌的滿足。

相互自娛乃是性的充分表達之一部分——性的歡悅、性的遊戲性、性的愛憐。性的表達有好幾個部分，相互自娛是其中之一。你們所稱之為性交的經驗，則可以是在兩個小時的愛的相遇之後發生。也可以不是。對你們大部分人來說，那極可能是你們二十分鐘操練的**唯一一點**——這是說，如果你們幸運的話，才有二十分鐘！

我沒有想到這會變成性愛手冊。

它不是。但如果是，也沒什麼不好。大部分人對於性，對於它至為奇妙、至為有益的表達方式，還有許多要學習之處。

不過我要說明的仍是那較大的一點。你給予自己的歡樂越多，你就越能給予別人歡樂。同樣，如果你給予自己力量越多，你也有越多的力量分與他人。名譽、財富、榮耀、成功，或任何讓你覺得快活的事都是一樣。

而現在，**我**認為也是看看為什麼有些事情讓你「覺得很爽」的時候了。

好吧——我投降。爲什麼？

「覺得很爽」就是靈魂在歡呼——它歡呼說：「這就是我！」

你不是曾經在教室裡被老師點名嗎？當老師叫到你的名字，你必須答「在」或「有」，是嗎？

是。

好，「覺得很爽」是靈魂說「在」或「有」的方式！

而現在，有許多人會嘲諷「去做你覺得很爽的事」這個觀念。他們說這是通往地獄之路。但是**我**要說，這是通往天國的路！

當然，這要視你說「覺得很爽」是指什麼而定。換句話說，哪一些經驗是讓你覺得很爽的？不過**我**告訴你們——沒有任何進化是藉由否定而達成的。如果你會進化，那不是因為你否定了你知道會「感到很爽」的那些事物，而是因為你滿足了那些樂趣——並發現某些更大的樂趣。因為，如果你不去品嘗那「較小」的，你怎麼知道什麼是「更大」的呢？

宗教要你們以它的話為準則。這乃是為什麼所有的宗教終歸失敗的原因。

但**靈性**卻總是成功的。

宗教承受不了靈性。它容忍不了靈性。因為靈性可能帶給你跟任何宗教都**不相同的結論**，而這是任何已知的宗教都無法容忍的。

宗教鼓勵你們去探究別人的思想，並把它們當成自己的來接受。靈性則邀請你們丟掉別人的思想，而萌發自己的。

「覺得很爽」是一種自我告知的方式，告訴自己你這個念頭是**真理**，你這句話是**智慧**，你這個行動是**愛**。

要想知道你進步了多少，要想測量你演進到多高，只要看看是什麼讓你「覺得很爽」就可以。

但不要**以否定**那些讓自己覺得很爽的事物，或以避開此種感覺的方式來迫使自己演化得更快更遠。

自我否定就是自我毀滅。

但你也要知道：自我規範並不是自我否定。規範自己的行為是一種積極的選擇，是以決定自己是誰為基礎，而去做某件事或不做某件事。如果你認定自己是一個尊重別人權益的人，則決心不去偷、不去盜、不去掠奪，就不能說是「自我否定」。那是一種自我宣示，這乃是何以說，什麼事物使人覺得很爽是他進化的指標。

如果言行不負責任，如果做出傷害別人、讓人艱困或痛苦的行為，讓你「覺得很爽」，則你就演進得不很遠。

覺醒乃是此處的關鍵。在年輕人心中喚起和傳播覺醒，乃是你們家族和社區中年長的人的職責。這也是**神**的使者的職責：要在**所有的民族**中推廣覺醒，以便讓人可以明白對某人所做，或為某人所做的事，是為所有的人所做——因為我們統統都是**一體**。

當你們的意念言行出於「我們都是一體」，實際上便不可能會因傷害別人而「覺得很爽」；所謂「不負責的」的行為便會消失。進化中的生命是在這樣的參數之內尋求生活的體驗。是在這樣的參數之內，**我說你們應允許生命提供給你們的一**

切——而你們將發現，**生命所提供給你們的，要比你們所能想像的要多得多**。

你體驗什麼，你就是什麼。你表達什麼，你就體驗什麼。你必須表達什麼，就表達什麼。你准予自己什麼，你就擁有什麼。

我喜歡這些。不過，**我們可以回到原來的問題嗎？**

可以。我在一切事物中都置入「陰」與「陽」，同樣，我創造了兩性！這「雌」與「雄」乃是陰與陽的一部分。這是你們所居住的世界對陰與陽的至高形式的表現。兩性是陰與陽……**的賦形**。**是許多賦形之一**。陰與陽，這裡與那裡，此與彼……上與下，熱與冷，大與小，快與慢，物質與反物質……

這一切，都是你們為了體驗生活所必須的。

我們稱爲性能量的這種東西，要如何才能做最好的表達呢？

以愛。以坦蕩。

以遊戲。以歡樂。

以活潑。以熱情。以神聖。以浪漫。

以幽默。以自發。以動人。以創造。以不羞。以感覺。

而當然，以經常。

有些人說，人類性生活唯一合法的目的是生殖。

胡說。生殖是人類大部分性經驗的快樂後果，而不是合理的前提。認為性只是為了製造小孩，這種想法過於無知，因而認為懷了最後一個小孩之後，就應當停止性生活，則比無知更糟。它蹂躪了人的天性——而這天性是我給與你們的。

性的表現是永恆的吸引過程無可避免的結果，也是有韻律的能量之流無可避免的結果，而這能量之流是一切生命的燃料。

我在一切萬物中都注入了能量，使其將訊息傳遍宇宙，每一個人，每一個動物，每一棵植物，每一塊石頭，每一棵樹——**一切**有形之物——都送出能量，正如無線電發報機。

現在，你正在送出能量——發散能量——從你的生命中心向所有的方向發射。這能量——也就是**你**——以波的方式向外運動。能量離開你，透過牆壁，越過山嶺，掠過月球，進入永遠。**它永不止息**。

你的每一個意念都為此能量著色。（當你思念某人，若此人夠敏感，他或她就能**感受**到。）你說的每一句話都塑造了它，你做的每一件事都影響了它。

你所釋出的能量之振幅、速度、波長和頻率，都隨時隨你的意念、情緒、情感、語言和行為而變化。

你曾聽人說過：「發出好的振幅。」那是真的。非常正確！

當然，每一個人都在做同樣的事。所以以太（ether）——在你們之間的「氣」——中就**充滿了能量**；這形成了眾人「振幅」交織的網絡❷；形成的毯狀組織比你們任何的想像都更為複雜。

這網絡是能量的交織場，你們在其中生息。它**能力巨大**，影響**一切事物**。包括

你們。

進來的振幅衝擊著你們，**你們**因之創造新的「振幅」而發散出去，加入並改變了那網絡——而這又衝擊**你**……如此永無止境。

你可能會認為這只是精采的幻象。但你是否曾經走進一個屋子，而感到其中的「空氣凝結到可以切開」？

或者，你是否聽說過，兩個科學家在地球的兩端，同時在研究同一問題而不相知，又同時各自**獨立的**得到相同的解答？

這是常有的事；這是網絡更為顯然的表露。

這網絡——在任何參數之內都有的能量交織場——是力量巨大的振幅。它可以直接衝擊、影響，和創造物體及事件。

（「凡是**以我**之名，有兩人或多人相聚之處……」）

你們通俗的心理學稱此種能量網絡為「集體意識」。它可以，而且真的影響你們**地球上的一切事物**：戰爭的態勢及和平的機會；全球性的騷亂或舉世的祥和；蔓延的疾病或全球的福祉。

一切都是意識的結果。

在你們個人的生活中，某些事件與處境也是如此。

妙得很，可是這跟性又有什麼關係呢？

別急。**我**正要說。

整個世界都隨時在交換能量。

你的能量推出來，觸及其他一切。一切物、一切人的能量都在觸及你。但現在，有趣的事發生了。在你和其他一切的半路上，這些能量**相遇**。

為了更生動的描述，讓我們想像在一個房間中有兩個人。他們各自遠在房間的一隅。我們稱他們為湯姆與瑪莉。

湯姆的能量以三百六十度的方向向宇宙中發射訊號。有些訊號擊中了瑪莉。

瑪莉也同時發射她自己的能量，其中有些擊中了湯姆。

但這些能量是以你們所未曾想像過的方式相遇。它們在湯姆與瑪莉之間的**半途上相遇**。

這些能量單元（記住，這些能量是**物理現象**；它們是可以**被測量、被感覺到的**）結合而形成了一個新的能量單元，我們稱之為「湯瑪莉」。它是湯姆與瑪莉能量的結合體。

湯姆與瑪莉很可以稱此能量為「我們的中間體」——因為它真的就是：它是兩者都與之相連的能量體，兩人都用持續不斷的能量在餵養它，而它又把**能量送回給**它的兩個施主——沿著一直存在於網絡中的管線（其實，這「管線」就是那網絡）。

這「湯瑪莉」**的體驗**是湯姆與瑪莉的真相。他們兩個都被此一**神**聖靈交（Holy Cammunion）所吸引。因為，透過管線，他們都感覺到那中間體，那結合者，那幸福的一體之崇高喜悅。

隔著遠距離的湯姆與瑪莉可以——**以實質的方式**——感覺到在那網絡中所發生的事。兩人都殷切的被此種經驗所吸引。他們想要走向對方！立刻！

此時，他們所受的「訓練」卻插手進來。世人曾訓練他們放慢腳步，不要相信感覺，要防範「傷害」，要收斂。

可是，那靈魂……卻要結識**「湯瑪莉」——立刻**！

如果他們幸運，他們就會自由得足以揮開他們的恐懼，唯愛情是賴。

現在，他們已不可挽回的被他們的中間體所吸引了。在**形而上**的意義上，湯瑪莉已經被體驗了，現在湯姆與瑪莉要在**實質上**來體驗此一結合體。所以他們就靠得越來越近。並不是走向對方。這和一般粗心的觀察者所看到的並不一樣。他們是想要接近**湯瑪莉**。他們是想要接近那**業已存在於**他們之間的神聖合一體。那他們已經知道他們是一體之處，那成為一體究竟是什麼樣子的地方。

他們挪向他們在體驗中的這種「感覺」；而當他們越來越近，當他們「縮短線路」，他們兩個送給湯瑪莉的能量所經過的距離就越短，因之越來越濃。

他們離得更近了。距離越短，濃度越高。他們移得更近。濃度又更高。

現在，他們只一步之隔。他們的中間體熾熱起來，以驚人的速度震動。湯瑪莉所收所發的「接觸」都更濃、更廣、更亮，以不可置信的能量在燃燒。他們兩個被人稱作「欲火中燒」。那是真的！

他們挪得越來越近。

現在，他們相融了。

騷動幾乎是無法忍受的。奇妙難耐。在他們相觸的那一剎那，他們感受到湯瑪莉所有的能量——他們那合成存在濃縮的、密集的、合而為一的全部質量。

如果你將你的感受力開放到最大的限度，當你們相融時，這種微妙的能量讓你打顫——有時候這種「打顫」會**通過你**全身——有時則會在你們接觸的地方發熱——有時則此熱突然傳遍你全身——但主要是深藏在你們的小腹——丹田，這乃是能量的中心。

在那裡，這能量「燃燒」得特別濃烈——而湯姆與瑪莉現在可以說是「為君沸騰」！

現在，兩人擁抱了，他們更進一步的縮短了距離，使得湯姆、瑪莉與湯瑪莉幾乎重疊到同一個位置。湯姆與瑪莉可以**感覺到**湯瑪莉在他們中間——而他們想要**更為接近**——名副其實的要跟湯瑪莉融而為一。在實質上成為湯瑪莉。

我在雌雄的身體上創造了可以做如此融合的管道。在此刻，湯姆與瑪莉的身體已準備就緒。現在，湯姆的身體已名副其實的準備好要進入瑪莉的體內。瑪莉的身體已名副其實的準備好要**接受湯姆進入她的體內**。

那顫抖，那燃燒，現在**已不止於**濃烈了。它是……無可描述的。兩個身體結合在一起。湯姆、瑪莉與湯瑪莉合而為一。**肉身結合**。

能量仍舊在他們之間流動，急切的，熱烈的。

他們喘息，他們翻騰。他們要對方要得不夠，他們離對方不夠近。他們力圖更為接近，接近，更接近。

他們爆炸了——名副其實的——他們整個身體痙攣。那震動一直將漣漪送到他們的指尖。在他們的融合爆炸中，他們領略了什麼是**神**與**女神**，什麼是最始與最終，什麼是全有與全無——生命之本質——親身體驗到那本然（That Which Is）。

也有實質的化學變化發生，兩個人真的變成了一個——一個**第三單元**往往由這兩者創造出來，成為**實質的存在**。

一個**實質的**湯瑪莉被創造出來，他們的肉中肉，他們的血中血。

他們名副其實的**創造出生命**！

我不是說過**你們是神嗎**？

這是關於人類性生活我所聽過最美的描述。

你們在想要看到美的地方看到美。你們在懼怕看到美的地方看到醜。

讓人驚奇的是，有那麼多人在我剛剛說的事情上看到醜。

不應那樣。我已看過世人把多少的恐懼與醜陋加在性上。但你仍留了一大堆問題。

我正準備回答。不過，在你把它們拋回給我之前，請允許我再多描述一些。

當然。**請**。

我剛剛描述的……這**舞蹈**，**我**所解釋的這能量的交織，是隨時都在發生的——在**一切事物**之內，隨**一切事物**並存。

你們的能量——如**金色的光**一般放射著——不斷的與每一個人、每一個事物互相交織。相距越近，能量越強。相距越遠，則越為幽微。然而你們永不曾跟**任何事物**全不相連過。

在你們與任何其他的人、地或物之間皆有一點，在此點，兩者的能量相遇，形成第三個能量單元；雖然可能很淡，卻不失其真實性。

地球上和宇宙中的每一人、每一物，都在向每一個方向發射能量。此能量與所有其他能量互融、互織、互動，其複雜模式遠非你們最佳的電腦所能分析的。

在你們所稱為實質之物中的能量交織、交融和交互作用，乃是使你們的**物質體凝聚在一起的原因**。

這即是我說的網絡。是透過這網絡，你們互送訊息——消息、意涵、治療與其他實質效應。這些，有時是由個體所創造，但大部分是由集體意識。

這無以數計的能量，如我之前所解釋，互相吸引。這稱之為萬有引力定律。依此定律，同類相吸。

同類透過網絡相吸——當相似的能量「累積」得夠多，它們的震動變得較為沉重，緩慢下來——有些就變為物質。

思想或意念真的創造物質體——而當許多人想著同樣的事，就很可能鑄成事實。

(這乃是「我們為你祈禱」何以會成為那麼有力量的話。眾人一致祈禱而產生的效力，有足夠的實例可以寫成一本書。)

與祈禱相反的思想或意念也會造成效果。比如，全球性的恐懼、憤怒、匱乏或無能為力之感，也可以創造出這種經驗——掃遍全球，或橫掃這類集體意識最強烈的區域。

比如，你們稱之為美國的這個地球國家，久來認為自己是一個「在**神**之下不可分的國家，一切人皆得自由與公正」。這個國家之所以成為最強盛的國家並非偶然。而它之逐漸喪失它那麼辛勤創造的一切，也並不令人吃驚——因為這個國家似乎已經喪失了它的理想。

「在**神**之下不可分」一語，意思正是如此——表示了宇宙一體的真相：一個非常難以摧毀的網絡。但這網絡卻已被削弱。宗教自由業已變成了宗教的自是，到達不容異己的程度。由於個人的責任感已經消失，個人的自由因之成為泡影。

個人的責任感觀念業已被扭曲為「人人只為自己」。這種新的哲學，自以為傾聽著的是美國早期粗蠻的個人主義傳統。

但美國的理想與夢想所賴以為基的個人責任感，其最崇高與最深沉的意義，卻是兄弟愛。

美國之所以偉大，並非由於人人都致力於**為自己**求生，而是由於人人都願**為一切**人的生存而負起個人責任。

美國是一個不會轉頭不顧饑饉、對需要的人說不的國家，它會對疲憊與無家可歸的人敞開懷抱，它會跟全世界分享富饒。

然則隨著美國變得偉大之際，美國人也變得貪婪。並非所有人，但為數不少，而且逐日增加。

由於美國人知道了富有是多麼美好，因之便想更為富有。然則能讓某些人擁有越來越多、越來越多的方式只有一種。那就是另一些人擁有得越來越少、越來越少。

隨著美國人的性格由偉大轉為貪婪，對弱小者的悲憫之情，也越來越無容身之地。那處境艱苦的人被人說成是「咎由自取」。因為，美國不是機會之地嗎？但除了那處境艱苦的人，沒有人承認美國的機會是制度化的留給那處境優渥的人的。一般說來，優渥的處境卻不把許多少數族群包括在內——如某些膚色或性別。

美國人在國際上也以傲慢著稱。全球上百萬人死於饑饉，美國人卻日日拋棄足以餵飽多國人民的食物。沒錯，美國對某些國家慷慨，但她的外交政策日漸以擴張其既得利益為張本。美國是在有利於美國的情況下，才去幫助別的國家。（這是說，當有利於美國的權力結構，有利於美國最富有的精英分子，或保護此等精英分子及其集體資產的軍事機器。）

美國的開國理想——兄弟愛——業已被腐蝕。現在，任何「做你兄弟的守護者」的言論，都會被一種新美國主義嗤之以鼻——一種如何把持住自己的所有之物的精明心計，一種對待處境艱困者的精明言詞——使得任何想要匡正其劣勢遭遇、敢於追求公正的人無詞以對。

人人都必須為自己負責，這當然無可否認是對的。但美國——和你們的世界——卻只在**人人**都願意為**所有的人均為一個整體**而負責，才得真正運作。

所以，集體意識會產生集體後果。

完全正確——而這自從你們有紀錄的歷史以來，已經一而再、再而三的證明過。那網絡將自己吸入它自己——正像你們的科學家對所謂黑洞現象的描述。它將同類的能量拉向同類的能量，甚至會把物質體互相拉近。

這些物質體於是必須互相排斥——移開——不然就會永遠融合在一起，失去現在的形象，而變為一種新的形象。

一切有意識的存在體，都本能上知道這種情況，因此，所有有意識的存在體都移開這永遠的融合，以便維持跟所有其他存在體的關係。若非如此，則他們就會融入所有其他的存在體中，而體驗到那永遠的一體狀態。

而這就是我們所來自的狀態。

在移開這種狀態之後，我們又不斷的被重新吸向它。

這種潮漲潮退，這種「往返」運動乃是宇宙的基本韻律，宇宙中的一切亦皆如此。這就是性——協同能量交換。

你們不斷被吸引，被促使與另一人結合（並與網絡中所有一切結合）後，在合一的剎那，由有意識的選擇，而脫離那結合體。你們選擇自由，以便可以體驗那結合。因為，一旦你們變成一體的一部分，並留在那裡，你們就不能知其為一體，因為你們不再知道什麼是分離。

換一種方式說：**神**為知其自身為一切，它必須知其自身為不是一切。在你們之中——在宇宙間所有其他能量單元中——**神**知其自身為一切之各個部分——而因之給其自身以可能性，使其自身在其自己之經驗中，知其自身為一切中之一切。

我只能在體驗我不是什麼中，體驗我是什麼。然則我又是我所不是的——在此你可看出這**神**聖的二分法。因之有言：我是我所是（I Am that I Am.）。

如我所說，這潮起潮落，這宇宙的自然**韻律**，規範了一切有生之物——包括在你的實況中創造生命的種種運動。

你們被促使互相接近，猶如被某種急切的力量所推，只為了再被拉開，又只為再次接近，又只為再度被拉開，而後又如飢如渴的熱切尋求完全的結合。合——分，合——分，合——分，你們的身體如此舞蹈，其動作是如此根本，如此**本能**，以致你們殊少有意識的覺察到刻意的行動。在某一階段，你們轉為自動。無需有人告訴你的身體該做什麼。它們只是**去做了**——帶著**一切生**之渴望。

這乃是生命本身，表現為生命本身。

這乃是生命本身在其自己經驗的懷抱中製造新的生命。

一切生命（生命中的一切）都以此韻律在運作了一切生命皆是此韻律。

是以，一切生命都浸染**神**的此種溫柔韻律——這即是你們所說的生生不息之循環。

食物以此循環而生成。季節來，季節去。行星自轉與公轉。恆星爆炸又凝聚，復又爆炸。宇宙呼，宇宙吸。這一切的一切，是以循環，以韻律，以震動在發生，配合**神**或**女神**——即一切——的頻率。

因為**神**是一切，**女神**是萬有，此外別無其他；而凡曾存在的，**現在**存在，亦將**永遠**存在——這乃是你們永無終止的世界。

阿門。

譯注：

❶：譚崔（Tantric）是印度教或佛教晚期的經典之一。以技巧和儀式來討論冥想或性愛的方法。

❷：Matix，此字在解剖學上意謂「子宮」「母體」。在採礦學上意謂「母岩」。是縱橫交織而能生萬物的基盤。

8 享受一切，一無所需

有趣的是，跟你談話，留給我的問題總是比答案多。現在我又要像問性方面的問題一樣來問政治方面的問題了。

有人說，它們是同樣的東西，你們在政治方面的所作所為不過是——

等等！**你**不是要說**不可告人**吧！

嗯，好吧，我是會讓你們吃驚一點的。

嗨！嗨！慢著！**神**不是應當這樣講話吧！

那**你們**為什麼這樣講話？

我們大部分人不這樣講。

見你們的鬼。

那些敬畏神的人不這樣說！

哦，我明白。你們為了不冒犯**他**，只得敬畏**他**。

而誰又說**我**僅僅會為了一句話而**被冒犯**呢？

而且，你們用以形容那了不起的性經驗的話，竟同樣拿來用以形容最大的污穢，這不是奇怪得不得了嗎？這不是活生生可以看出來，你們對於性究竟抱持什麼態度嗎？

我想**你**有點搞混了。我不認爲大家在用這個用詞時，所指的是眞正美妙、浪漫的性生活。

哦，真的嗎？你最近曾經在任何臥房裡待過嗎？

沒有。**你**呢？

我所有的時間都待在所有的臥房裡。

好得很。這倒應當讓我們覺得自在些！

什麼？你是說，你們在臥房裡做的事，不會在**神**的面前做？

任何人看著，大部分人都會覺得不自在，何況是**神**。

然而，在某些社會中——原住民社會、波利尼西亞人——做愛是十分公開的。

是啦。好吧。大部分人還沒有進化到這麼自由的程度。事實上，他們會認爲那樣的行爲是一種退化——退化到原始的、異教徒的狀態。

這些你們稱之為「異教徒」的人，卻對生命有深厚的尊重。他們從來不知道什麼是強暴，而他們的社會中，實際上沒有殺人這回事。你們的社會把性——這種非常自然、非常正常的人性功能——置於掩藏之下，轉身卻公開殺人。這才是不可告人！

你們把性弄得這麼猥褻，這麼可恥，這麼不可告人，以至於你們做起來尷尬！

沒那回事。大部分人只不過對性的得體與否有不同的——甚至可說較高等的——看法而已。他們認爲性是私密的相互關係，有些人則認爲是他們關係中的神聖部分。

缺乏私密性並不等於缺乏神聖性。人類大部分的神聖儀式是公開舉行的。不要把私密性和神聖性混為一談。你們大部分最壞的行為都是私下進行的，你們只把最漂亮的行為公開展示。

我這不是在為公開的性行為做辯護，而只是在提醒：私密並不必然等於神聖——公開也不剝奪神聖。

至於「得體」與否，單就這兩個字和其隱含的行為概念，就比任何人為的構想更能限制人的最大歡樂——除非是「神的懲罰」這個概念，因為後者使這種限制大竟其功。

顯然你是不相信「得體」與否這回事的。

麻煩就在「得體」必須有人設定標準。這自動意謂你們的行為受著別人觀念的限制、主導與指令——是別人認為你們什麼事應當歡樂，什麼事不應當歡樂。

在性方面——就像所有其他方面——這就不僅是「限制」；它可以變得有摧毀性。

男人或女人想要有某種經驗，卻因為想到他們所夢寐以求的、所痴所渴的事情會「違背禮教」而縮手——沒有任何事情比想到這個更令我悲哀。

告訴你，那並不是什麼他們不想做的事——只是違背了「禮教」的事！

不僅性方面如此，而是生活中的一切——永遠、永遠、永遠不要因為它只是違背了什麼別人立下的禮教標準而不做。

如果**我的**汽車保險桿上有貼紙，我要這麼寫：

反禮教！

每一個臥房裡，我都要放這樣一個標語。

但是我們的「對」「錯」觀念，卻是把我們結合在一起的東西。如果我們在這方面沒有協議，怎麼可以共存呢？

「禮教」跟你們的「對」「錯」價值觀沒有關係。你們都認為殺人是「錯」的，但在雨中裸奔是「錯」的嗎？你們都認為朋友妻不可「騎」，可是，「騎」自己之妻——或讓自己之妻「騎」你，騎得美美妙妙——這有什麼不得體？

「得體」很少涉及法律範圍，那涉及的往往都是「禮教」問題。

而「得體」的行為卻往往並非你們稱為「最有趣」的行為，它極少是讓你們感到最歡樂的行為。

回到性方面。那麼，你是說，只要參與者和受影響者全都同意，那麼任何行爲都是可以接受的。

生活中的一切不都應該是這樣嗎？

可是有時候我們不曉得誰會受影響，或如何——

你們必須在這方面敏感，你們必須敏銳覺察。凡是你們不真正知道、不能猜到的，在愛方面，你們就會犯錯。

任何決定的中心問題都是：「現在，愛會怎麼做？」

愛**自己**，愛**一切參與者和受影響者**。

如果你愛別人，你就不會去做你認為對那人有傷害的任何事情。如果還有任何疑問，你就會等，等到弄清楚。

但這意謂別人可以把你當「人質」。他們需要做的，只是說某某事會「傷害」他們，於是你的行爲就受到限制。

只被你自己限制。你是否願意只做那不傷害你愛的人的行為？

但是，如果**你**因**不**做某些事而感到傷害自己呢？

那你就必須告訴你愛的人實情——你因不做某事而感到受傷、受挫、受損；你想要做這件事；你想要你所愛的人同意你去做。

你必須努力去求得同意。致力於達成妥協，尋求一個人人都得勝的辦法。

如果找不到這樣的辦法呢？

那就重複我以前所說的：

為不背叛他人

而背叛自己

終是背叛。

那是最大的背叛。

你們的莎士比亞曾以另一個方式說過：

對自己真實

你便不可能

對任何人不真實，

猶如夜之隨晝。

但那只隨自己意願的人，會變成非常自私的人。我不相信你在鼓吹這個。

你們認為人總是會做你們所謂的「自私選擇」。但**我**告訴你們：人是能夠做**最高選擇的**。

不過**我**也要告訴你們：

最高的選擇並不**總是**那看似有益於他人的選擇。

換句話說，有時候我們必須把自己擺在第一位。

哦，你們**永遠**都應把自己擺在第一位！然後，依你們想要做什麼——或想要經驗什麼——而做選擇。

當你們的目的——**人生的**目的——很高，你們的選擇也就會高。

把自己擺在第一位，並不意謂你們所謂的「自私」——而是意謂**自覺**。

有關人類行爲的基礎，你倒是設得很寬。

只有透過最大的自由才能得到——或可能得到——最大的成長。

如果你們行為舉止都在遵從別人的規矩，則你們不是成長，而是遵從。和你們的構想不同，我要求你們的不是遵從。遵從不是成長，而我要的卻是成長。

如果我們不「成長」，你就把我們丟進地獄，是嗎？

錯。這**我**已在第一部中說過，第三部中會再細說。

好吧。那麼，在**你**立下這寬廣的參數範圍內，我可不可以在我們告別性的題材之前，再問幾種有關這方面的問題？

放言吧！

性既然是人性經驗中那麼奇妙的部分，那為什麼有那麼多精神導師都在宣導禁欲？

為什麼那麼多大師看起來都是過著獨身生活？

跟他們被人說成是過著單純生活同樣理由。那些進化到高層領會的人，將他們身體的欲望跟心智與靈魂取得平衡。

你們是三部分生物，而大部分人卻只體驗到自己是一個肉體。在三十歲以後，他們連心智也遺忘了。沒有人再閱讀。沒有人再寫。沒有人再教。沒有人再學。心智被遺忘了。它沒有被滋養。它不再擴充。沒有新的輸入。輸出微乎其微。心智沒有被餵養。它沒有被喚醒。它被哄騙，變得呆鈍。你們用盡一切辦法擺脫它。電視、電影、廉價書刊。不管做什麼，都是不要想、不要想、**不要想**！

所以，大部分人是活在肉體層次。餵養肉體，給它穿衣服，給它「材料」。大部分人經年不讀一本書——**我**是說可以讓他們學到一些東西的書。但是整個星期的電視節目，他們卻可以如數家珍。這確實是讓人很為之悲哀的。

實情是：大部分人並不要思考。他們選舉領袖，支持政府，選擇教會，都是以**不需他們獨立思考**為指標。

「讓我輕鬆。告訴我要做什麼。」

大部分人要的是這個。我坐在哪裡？我什麼時候站起來？我怎麼敬禮？我什麼時候付款？你想要我怎麼做？

規矩是什麼？我的界線在哪裡？告訴我，**告訴我**，告訴我！我會做——只要**有人告訴我**！

然後，他們又倒胃口了，幻滅了。他們遵從一切規矩，他們做一切人家叫他們去做的事：錯在哪裡？什麼時候變味了？為什麼崩潰？

在你放棄你的心智的那一刻，它就崩潰了——你的心智，乃是你最偉大的創作工具。

是該跟你的心智再做朋友的時候了。跟它做伴——它感到如此寂寞。做它的滋養者——它是如此飢餓。

你們有些人——為數甚少的一批——明白你們有身體，又有心智。這些人善待了他們的心智。不過，即使這些推崇心智和心智事務的人，也殊少運用他們心智能力的十分之一。如果你們知道自己的心智能力是何等之大，就絕不會不再參與它奇妙的運作。

若說那能為身體與心智取得平衡的人為數甚少，則明白你們是三合一——身體、心智與靈魂——的人，則少之又少了。

你們真的是三合一的生命。你們不只是一個身體，也不只是一個有心智的身體。

你滋養靈魂嗎？甚至你曾注意它嗎？你治癒它，還是傷害它？你是成長，還是萎縮？你是擴展，還是收縮？

你的靈魂是否像你的心智一樣寂寞？它是否被忽視得更嚴重？你上次感覺到靈魂有所表達是在什麼時候？你上次喜極而泣是在什麼時候？你寫詩嗎？作曲嗎？在雨中舞蹈嗎？烤過餅嗎？曾經畫過任何東西嗎？修復過破了的東西嗎？親過嬰兒嗎？在日出之際漫步過嗎？吹口琴嗎？聊天直至天亮過嗎？在海邊、在樹林……做愛一連幾個小時嗎？與自然交談嗎？尋求**神**嗎？

你上次什麼時候獨自默坐？航向你生命至深之處？你上次什麼時候跟你的靈魂說「哈囉」？

當你以單面生物來生活，你就會深深的陷入身體的事務中：錢、性、權力、占有、肉體的刺激與滿足、安全、名譽、經濟利益。

當你以雙面生物來生活，你的關懷面就會擴大，把心智的事務包含在內：情誼、創造、新思想、新觀念的激發、新目標、新挑戰的產生、個人的成長。

當你以三合一的生物來生活時，你終於跟自己取得平衡。你的關懷包括了靈魂的事務、精神的認同、生活的目的、與**神**的關係、演化之路，精**神**的成長、終極目的。

隨著你們進化到更高更高的意識狀態，你們也會把你們的每一個面向充分實現。

然而演化並不意謂厚此薄彼，特別寵惠本我的某些面向，而把另一些面向放下。它只意謂擴大焦點；不再專注於一個面向，而是真愛與珍惜**所有的**面向。

那爲什麼有那麼多導師完全禁絕性生活呢？

因為他們不相信人類可以達到平衡。他們認為，性的能量以及圍繞著其他世俗經驗的能量太強大了，無法溫馴，無法納入平衡。他們以為禁欲是**唯一的**精神進化之道，而不是精神進化的可能結果之一。

然而是否有些高度進化了的人眞的「放棄了性」？

不是古典意義的「放棄」。那不是強迫你放棄你仍舊想要、但又知道「不好」的東西。那只是放手而已，一個轉身的動作——就像對飯後的第二道點心。並不是點心不好，甚至不是對你而言已經不好。而只是，儘管它還那麼美好，你卻已經夠了。

當你是以此原因而放下你跟性的關係，你就可以想要如此。不過，你也可以不想要如此。你可以永不認定你已「要夠」了這種經驗，你可以永遠要這種經驗，而與你生存的其他經驗維持平衡。

這很好。性方面活躍的人，並不比性方面不活躍的人更沒有資格開悟和精神進化。

開悟和精**神**進化真正導致你放下的，是對性的**耽溺**——你對這種經驗的深切需求，你的驅迫性的行為。

同樣，你對金錢、權勢、安全感、占有物，和肉體的其他經驗的**執著**也會消失。

但對所有這些事物的真誠賞識與珍惜卻不會消失。也不應消失。對生命中一切事物的賞識與珍惜，乃是對我所創造的歷程之尊崇。鄙棄生命或任何喜悅——即使是最基本、最物質的部分——都是對**我**——這**創造者**——的鄙棄。

因為，當你稱**我的**造物為不神聖時，那你怎麼稱呼**我**？然則當你稱**我的**造物為神聖時，你就祝聖了你對它的經驗，也祝聖了**我**。

我告訴你們：**我**沒有創造任何可以鄙棄的東西——而正如你們的莎士比亞所說：只要你們的意念不使之邪惡，就**沒有任何東西**是「邪惡」的。

這讓我想到關於性的方面幾個最後的問題。成人之間只要互相同意，任何的性關係都沒有什麼不可的？

對。

我是說，即使是「變態」的性關係？甚至沒有愛情的性關係？甚至男同性戀的性關係？

首先我們要再度說明，沒有任何事是**神**不贊成的。

我並非坐在這裡審判，稱某種行為**為善**，另一種行為**為惡**。

（你們知道，**我**在第一部中已經把這一點做過相當詳盡的解說。）

在你們的進化之路上以何者對你們有益，何者對你們無益而言，只有你自己可以做決定。

不過大的方針還是有的，這是大部分已進化的靈魂所同意的。

凡是傷害他人的行為，不會導致快速進化。

還有另一個大方針：

凡是涉及他人的行為，都必須獲得其同意或允許，才可實行。

現在，在此大方針之下，讓我們看看你剛剛提的問題。

「變態」的性關係？好，如果它不傷及任何人，如果參與者都允許，則又有什麼理由說它「錯」呢？

無愛的性？從有史以來，大家就在為「為性而性」做爭論。每次**我**聽到這個問題，**我**都會想有一天走進滿屋子的人中，說：「如果有人從來沒有過深情以外的性生活，請舉手。」

我要說的是：無愛的任何事情，都不是通往**女神**的捷徑。

不管是無愛的性，或無愛的麵條和肉丸，如果你準備時沒有愛，取用時沒有愛，你都會失去其最精華的部分。

失去這個是錯的嗎？「錯」仍是不適用的字眼。「無益」比較接近，因為你想要盡快的進化到更高層次。

男同性戀的性關係？那麼多人想要叫我說反對男同戀的性關係，或與之劃清界線。不過我不做審判，不論是這件事，還是你們的其他選擇。

大家總是對每樣事物做價值判斷，而拉我與他們分贓。這審判我一律不參加。那些聲明以我為此審判之源頭的人，聽我這樣說，會特別覺得不愉快。

有件事情我是明白的：不同種族的人結婚曾被人認為違背**神**的律法。（令人吃驚的是，到現在仍舊有人這麼想。）他們以《聖經》為權威——到現在又在同性戀的問題上，指《聖經》為他們的權威。

你是說不同種族的人結婚沒問題？

這個問題本身就是荒謬的——卻不如那些堅持說它有問題的人荒謬。

關於同性戀方面的問題，是否也同樣荒謬？

你們自己決定。關於這件事——或任何事——**我**都不做審判。**我**知道你們想叫**我**做審判，這會讓你們好過些，不用自己做決定，不需艱苦奮鬥。樣樣事人家都為你們決定，除了服從以外什麼都不用做。這不怎麼像人生——至少以創造性或自我充實而言是如此。只不過是過著優渥的生活……也沒有壓力。

讓我問一些關於性和孩子的問題。什麼年齡適合讓孩子覺察到性是人生經驗的一部分呢？

孩子從生命的開始，就覺察到自己是有性別的生物——也就是說，覺察到自己是人類。你們星球上的許多父母現在所做的，卻是試圖叫他們不要覺察到這一點。如果幼兒的手摸「錯」了位置，你們就把它拿開。如果一個小孩開始以純潔的歡樂在自己身上找到了樂趣，你們就驚恐不已，並把這驚恐傳給小孩。小孩就會懷疑：我做了什麼？我做了什麼？媽媽生氣了，我做了什麼？

就你們這個物種而言，問題不在何時把性引介給你們的孩子，而在何時不再要求孩子否定他們生而為有性的生命。在孩子十二到十七歲時，你們大部分就放棄了這種有害的鬥爭，等於說（當然，你們不會明說，因為你們是不說這類事情的）：「好吧，現在你們注意到你們有性的部分了，注意到這些部分可以做性方面的事了。」

然而到了這個階段，傷害已經造成。你們已經花了十年以上的時間，向孩子顯示他們身體的那些部分是可恥的。有些孩子從來就沒被人告知過，他們的那些部分叫什麼名字。你們大人竭盡所能發明替代用詞——如「屁屁」「腿腿」「妹妹」「弟弟」等等——就是不直指其名：「屌」或「屄」，「陽具」或「陰道」。

你們的孩子由於從小就明白跟身體這些部分有關的一切都是不能說的，必須躲躲藏藏、否認的，到了青春期時，又怎麼不會不知所措呢？他們全無準備。當然，回應起他們最新、最急切的需求時，他們若不是採取完全不得當的方式，必也顯得拙笨得可憐。

這全無必要，我也不認為對你們的孩子會有任何好處——當他們步入成年，帶著一大堆性禁忌和悶葫蘆。

在啓蒙的社會中，孩子因自然的秉賦而尋得的歡樂，從不會被挫折、責備或「改正」。父母的性——也就是父母生而為有性別的生命——也無需刻意掩藏或迴避。赤裸的身體——不論是父母的、孩子的，還是兄弟姊妹的——都被視為完全自然、完全美妙、完全好的——而非任何羞恥之物。

性功能也被視為完全自然、完全美妙、完全好的。

在某些社會，父母是當著孩子的面性交的——而還有什麼事能讓孩子比這更能領會性愛的歡樂與美好呢？因為父母親時時在以思想和言行鑄造「對」與「錯」的典範，而孩子則從父母那裡時時撿拾或明顯或幽微的訊息。

如前面所說，你們可能稱這樣的社會為「異端」或「原始」，然而很明顯，在這類社會中，強暴和性騷擾之類的事，根本是不存在的，而娼妓則被認為不可思議，性禁忌與性功能失調前聞所未聞。

你們現在的社會，固然不宜推薦這種程度的公開與坦然（除了至為特殊的場合外，這種公開與坦誠一定會遭到文化污衊），但你們地球上所謂的現代文明社會，確實已是時候該採取行動來終止對性的壓抑與污衊了——凡是與性有關的一切經驗與表白，你們都往往以之為羞恥、罪惡、污穢，而加以壓抑。

你的建議呢？

從孩子最幼小的時候，就不再教導他們有關身體的自然功能是羞恥和錯誤的。不要再向你們孩子證明性方面的事是需要躲藏的。允許你們的孩子看到你們浪漫的一面。讓他們看到你們相擁相抱、觸摸與溫柔的相撫。讓他們看到父母是**互愛的**，**而以身體表示愛意是非常自然而美妙的**。（讓人吃驚的是，有多少家庭從來沒有教過這一課。）

當你們的孩子開始擁抱他們自己的性感覺、性好奇與性渴望，則想辦法讓他們這新的經驗、這初長成的經驗，與內在的喜悅和歡慶之感相連，而非與罪惡和羞恥。

看在老天的份上，不要再對小孩隱藏你們的身體。露營時，在鄉村水池中或在後院泳池中裸泳被孩子看到沒關係；從臥室到洗澡間，沒穿衣服走過，被孩子看到，不要中風；不要再瘋狂的把任何讓孩子看到你是有性別的生物的機會都關掉、蓋掉、掩藏掉。孩子會以為他們父母是無性的，因為他們父母把**自己裝成那個樣子**。孩子於是認為自己也必須無性，因為**所有的孩子都模仿父母**。（醫生會告訴你，一直到今天，有多少長大成人的孩子，都無法接受他們父母真的「做那件事」，而這使他們的孩子——現在已是醫院的病人——心中充滿憤怒、罪惡感和羞恥感，因為他們自己自然「想做」這個事，而他們搞不清楚**自己究竟錯在哪裡**。）

所以，要跟孩子們談性，跟孩子笑談；告訴他們，允許他們，提醒他們，並**表現給他們看，性是多麼值得歡慶的事**，性是多麼歡天喜地的事。這是你們可以為孩子做的事情。你們從他們生下來的第一天就開始做，從你們給他們的第一個吻、第一次擁抱、第一次觸摸，也從你們父母之間互相的給與及接受。

謝謝。**多謝**。我爲你對這件事所說的明智之言雀躍不已。但最後還有一個問題。什麼是跟孩子討論、形容，或引介性方面事情的恰當時機呢？

當時機來的時候，你們就會知道。如果你們真正留心，真正在看、在聽，每個孩子都會把那時機表現得明明白白，不會出錯。當然，它是逐漸的。它的來到是漸進的。如果你自己已經清楚，如果你自己已經做完了你那「做不完的事」，那麼，對於孩子的性之到來，你就知道得當的時機。

我們又怎麼樣走到那一步呢？

能怎麼做就怎麼做，參加討論課、請教醫生、加入社團、看書、沉思默想、互相發現——最重要的是，再度互相發現你們是男人或女人；發現、再訪、重複、恢復你們自己的性。為此歡慶，享受它、擁有它。

享有你們自己歡悅的性，然後你們才可以允許，並鼓勵你們的孩子享受他們自己的。

再次謝謝**你**。現在，放開有關孩子的問題，返回人類的性這個比較大的主題，我不得不再提一個問題。也許這看似無禮，甚至躁進，不過，我不能不問這個問題，而讓這段對話結束。

好啦，不用道歉，直說就好。

好的。有沒有「太多的」性這回事？

沒有，當然沒有。但確實有「對性有太多需要」這回事。

我建議：
享受一切。
一無所需。

連人也不需要？

連人，**尤其是人**。需要某人其實是破壞關係最快的辦法。

但我們所有人都喜歡感到被需要。

那就叫停。轉而喜歡感到不被需要——因為你給人最大的禮物，就是讓他有能力**不需要你**——他不為任何事需要你。

9 你們的教育使世界走向地獄

好啦，我已經準備好談別的話題了。**你**曾答應要談談地球上一些範圍較大的話題，而自從你開始討論美國生活之後，我一直想請**你**在這方面說得更多一些。

對，沒錯。**我**要在第二部中談一些你們星球上範圍較大的議題。而你們最大的議題，莫過於對後代的教育。

這方面我們做得不好，是嗎？**你**提這個議題，我想是這個意思……

當然，一切都是相對的。相對於你們說你們想要做的——嗯，不，你們做得不好。

我在此所說的一切，直到現在**我**討論的一切，都必須放在這個架構中來了解。

我並不是在做「對」「錯」或「好」「壞」的審判。**我只是就你們所說你們想要做的，來說明你們的效果**。

我了解。

我知道你們會說你們了解，但不久——甚至就在本討論未完之前——你們就會指控**我**在做審判。

我永遠不會這樣指控**你**，我知道得很清楚。

「知道得很清楚」並未阻止你們在過去稱**我**為「審判者」。

我不會這樣稱呼**你**的！

等著瞧。

現在**你**想要談教育。

是。**我**觀察到你們大部分人誤解了教育的意義、目的和功用，更不用談如何把教育施行到最好了。

這話很重，**你**可以讓我更了解些嗎？

大部分的人類認定教育的意義、目的和功用是傳授知識。教育某人就是給某人知識——一般說來，又是某一家、某一族、某一部落、某一社會、國家和世界，所累積的知識。

然則教育跟知識沒有多大關係。

哦？你是在愚弄我！

當然！

那麼，教育跟什麼有關？

智慧。

智慧。

是。

好吧，我投降。不同在哪裡？

智慧是知識的展用。

所以我們不應試圖給我們後代知識，而應試圖給後代智慧。

最首要的是，不要「試圖」去做任何事。**只是去做**。其次，不要為智慧而忽視知識。這會致命，反過來說，也不要為知識而忽視智慧。這也會致命。那會殺了教育。在你們的星球上，就正在殺它。

我們爲了教育忽視了智慧？

在大部分的情況下，是的。

我們怎麼做的？

你們教你們的孩子去想什麼，而不是如何去想。

請解釋一下。

當然。當你們給孩子知識時，你們是在告訴他們去想什麼。這是說，你們在告訴他們該去想什麼，告訴他們你們想要他們了解的是真的。

當你們給孩子智慧時，並不告訴他們去知道什麼，或什麼是真的，**而寧可是如何自求真理，自尋真相**。

但如果沒有知識，便不可能有智慧。

我同意。這就是**我**為什麼說，不應為智慧忽視知識。每一代都必須對下一代傳授某些知識。這顯然不過。但要盡可能的少。越少越好。

讓孩子自己去發掘。要知道：知識會失去，智慧永遠不忘。

所以我們的學校應該教得越少越好？

你們的學校應把重點調轉。現在的焦點大量放在知識上，對智慧的注意則少之又少。對許多父母而言，批判性的思考、解決問題和邏輯之類的課程，都會讓他們感到威脅，因此想把這類課程取消。如果他們想要保護自己的生活方式，他們也真的應把這類課程取消。因為，如果允許孩子去發展批判性思考，他們很可能會鄙棄父母的道德觀、標準，和整個生活方式。

為了保護你們的生活方式，你們構築了一套教育體制，基礎是發展孩子的記憶，而不是能力。你們教孩子記得事實與虛構的東西——這是每個社會都為自己構築的東西——而不是給他們能力去發掘和創造他們自己的真相與真理。

有許多人自以為知道孩子需要受什麼教育——這些人對任何發展孩子**能力**與**技巧**的課程——而非**記憶**的課程——都嗤之以鼻。但你們對孩子所做的教育，卻使你們的世界走向無知，而非離開無知。

我們的教育不教虛構的東西，我們傳授事實。

現在你是在對你自己說謊，正像你在對你們的孩子說謊一樣。

我們對孩子說謊？

當然。把任何歷史書拿來看看就知道。你們的歷史是想要孩子從某一個特定角度來看世界的人寫的。任何人如果想讓歷史記載包括更廣泛的事實，就被嗤笑，被稱為「修正主義」。你們不願把你們的過去真相告訴孩子，免得他們看到你們真正是什麼樣子。

你們的歷史是從你們可稱之為盎格魯·薩克遜新教白種男人的觀點寫出來的。當女人或黑人，或其他少數人種說：「喂，等等，事情不是這樣的。你們遺漏了很大一部分。」你們就會咬牙跺腳，叫這些「修正主義者」住嘴，不要企圖更改你們的教科書。你們不要你們的後代知道**真正**發生的是什麼事情。你們要他們知道你們的**藉口**，知道從你們的觀點看起來是什麼樣子。要**我**舉個例子嗎？

請。

在美國，你們並不教孩子清楚知道，這個國家是如何下定決心在日本的兩個城市丟下原子彈、屠殺和傷害了數以萬計的人。你們只告訴孩子你們所看到的事實——和你們想要叫他們看到的事實。

如果有人想從另外一個觀點——這次，是從日本人的觀點——來平衡你們的觀點，你們就大吼大叫，暴跳如雷，要求學校休想在這麼重要事情的歷史回顧上提出那種資料。因此，你們教的根本不是歷史，而是政治。

歷史本應對真正發生的事，做充分而精確的記載。政治卻從來就不關乎真正的事，政治總是關於所發生的事的**某某人的觀點**。

歷史揭示事實，政治則將之正當化。歷史揭發、說明一切；政治則加以掩蓋，只說一面之詞。

政客厭恨照實書寫的歷史，而照實書寫的歷史，也不會講政客的好話。

然而你們穿的仍是國王的新衣，因為你們的孩子終究會把你們看透。那些學習過批判思考的孩子們，看到你們的歷史，會說：「天哪，我父母和那些長輩怎麼會這麼欺騙他們自己！」這讓你們不能忍受，所以你們把他們轟出去。你們不要你們的孩子知道最基本的事實，而是要他們把你們教的照單全收。

我認為**你**這裡有些誇張，有些言過其實。

真的？你們社會中的大部分人，甚至連人生的大部分基本事實也不想讓孩子知道。學校如果教導孩子身體的功能，你們都會抓狂。現在，你們就認為不應該告訴孩子愛滋病是怎麼傳染的，或怎麼不讓它傳染。當然，你們從某一個特定的觀點告訴他們如何避免愛滋病。這當然對。不過，如果只是告訴他們事實，讓他們自己去做決定——這，打死你你也不肯。

這些事情孩子們還沒有準備好自己去做決定。他們必須有適當的指導。

你有沒有看看你們世界最近的樣子？

怎麼樣？

這就是你們過去指導孩子的後果。

不是。是我們**誤導**他們的後果。如果說世界今天腐敗了——在許多地方確實是——那不是由於我們試圖教導孩子們**古老的**價值觀，而是由於我們任由他們被教以這些「新鬼把戲」！

你真的以為如此？

你對得要死！我眞的相信！如果我們只教孩子讀、寫、算，而不餵他們那什麼撈什子「批判思考」的垃圾，我們今天會好過得多。如果我們在學校和家庭裡，把那什麼「性教育」剷除，我們就不至於看到青少年生孩子、十七歲的單身媽媽申請社會福利金、全世界抓狂了。

如果我們堅持年輕人按照我們的道德標準生活，而不是放任他們自己搞自己的，我們就不至於把我們曾經強盛活潑的國家，弄到現今這可憐可悲的地步。

還有不要站在那裡告訴我，我們應該如何突然明白我們在長崎與廣島所做的事是「錯」的。憑著**神**的名字發誓，是我們**結束了戰爭**。我們爲兩邊都挽救了上千上萬人的性命。這是戰爭的代價。沒有人喜歡下這個決定，但不得不。

我知道。

是！**你**知道。**你**就像所有那些小左派自由主義共產黨員一樣。你要求我們修正歷史，好得很。**你**要求我們修正生存方式。然後，你們這些自由主義者就終於可以得逞，接收世界、創造你們腐敗的社會、重新分配財富、說什麼**把權力還給人民**等鬼把戲。但這樣卻不可能讓我們有任何進展。我們所需要的是重返舊日，重拾我們老祖宗的價值觀。這才是我們需要的！

講完了嗎？

對，完了。講得怎麼樣？

滿不錯的。其實是相當好。

嗯，當**你**守著收音機守了好些年，這種話說起來就很順口。

你們星球上的人真這麼想嗎？

你可以打賭。我的意思是，不僅美國如此，**你**可以換上任何國家的名字，換上任何戰爭的名字，歷史上任何國家所發動的任何攻擊性戰爭。毫無問題，每個人都是認爲他自己是對的。每個人都知道錯在**別人**。拋開廣島吧。換上柏林，或換上波士尼亞。

人人也都知道古老的價値觀才能有效。人人都知道世界正走向地獄。不只美國如此。全世界都一樣。處處是大聲疾呼，要重返古老價値觀，重返民族主義——這個星球上處處都是這種呼聲。

我知道。

我在這裡所做的，只是想把這種感覺、這種關懷、這種忿恨說出來。

你做得不錯，幾乎說服了**我**。

真的？對那些真正這麼想的人，**你**要說什麼呢？

我說，你們真的相信三十年前、四十年前、五十年前的情況比較好嗎？**我**說，人的記憶力滿可憐的。你們總記得好的，不記得壞的。這是自然的，這是正常的。但不要被騙了。做一些**批判性的思考**，而不要只是**記取**別人要你們思考的東西。

就以我們所舉的例子來說，你們真的以為在廣島丟原子彈是絕對必要的嗎？有許多報告都曾提到，在原子彈丟下之前，日本天皇就已經私下向美國表示願意結束戰爭了——你們的歷史學家對這些報告又怎麼說呢？在丟原子彈的行為中，有多少成分是為了報復日本對珍珠港的偷襲？如果你們認為在廣島丟原子彈是必要的，那丟第二顆又為什麼必要呢？

當然，你們自己對這事的記載可能都是對的。美國對這一切的觀點可能是事情發生的實情。這不是討論的重點。重點是你們的教育系統不允許對這些議題做批判性的思考——其實，對許多其他議題都是如此。

你能不能想像愛荷華州的社會學或歷史學老師，如果向班上同學問這些問題，鼓勵學生深入探討這些問題，並提出他們自己的結論，會怎麼樣？

這才是重點！你們不要你們的年輕人得出他們自己的結論。你們要他們**得到和你們一樣的結論**。因此，你們迫使他們重蹈你們的結論所導致的錯誤。

但是那麼多人所推崇的古老價值觀和我們今日社會的分崩離析又怎麼說呢？今天青少年生孩子多得驚人，靠社會福利維生的媽媽和全世界的抓狂又怎麼說呢？

你們的世界是在抓狂，這一點**我**同意。但你們的世界之所以抓狂，並不在你們允許學校所教的課程；世界之所以抓狂，是由於你們所不允許的課程。

你們不允許學校教導愛是一切。你們不允許你們學校講述無條件的愛。

鬼啦！我們甚至不允許我們的**宗教**這麼說。

沒錯。你們也不允許去教導孩子讓他們為自己、為他們的肉體、為他們的人性和他們奇妙的性自我歡慶。你們也不允許你們的孩子知道他們是住在肉體中的精神體。你們也不把你們的孩子當作進入肉體的精神體來對待。

在公開談論性、自由討論性、歡悅解釋與體驗性的社會中，實際上根本沒有性犯罪，不在預期中出生的孩子也非常之少，而且沒有「私生兒」或不受歡迎的生育。在高度進化的社會，所有的生育都是受祝福的，所有的母親、所有的嬰兒都受到妥善的照顧。事實上，那樣的社會根本沒有別的方式。

在那些不以強權與得勢者的觀點為歷史寫本的社會中，往日的錯誤是公開承認的，永不重蹈覆轍的。凡是明顯自我破壞的行為，只發生**一次就已足夠**。

在教導批判思考，如何解決問題與如何生活——而非只記憶——的社會中，即使那些所謂「有正當理由」的行為，也會受到詳查，他們不會人云亦云的接受任何事情。

實際情況又會是怎麼樣呢？讓我們以二次世界大戰爲例。一個不只教導記憶往事，而教導如何生活的學校，在碰觸到廣島事件時又會怎麼樣呢？

你們的老師們將會對學生描述事件真正發生的情況。他們會把導致這個事件的所有事實——**所有的事實**——都包括在內。他們會探求**兩邊**的歷史學家觀點，明白戰。他們會說：「好啦，關於這個事件，所有的資料你們都已知道了——事件發生前、事件發生後的資料你們已清楚。凡是我們能夠得到的『知識』，我們都已告訴了你們。現在，從這些『知識』，你們得到了什麼『智慧』呢？如果是你們面對當年的問題，你們會選擇丟原子彈的方式來解決問題嗎？你們能想出一個更好的辦法嗎？」

任何一件事都絕不只一個觀點。他們不會要求學生去記憶那些事實，而會向學生挑

哦，**當然**。那容易。任何人都可以**由這種途徑**得到答案——**後知之明**嘛。每個人都可以站到別人肩膀上說：「要是我，我就不會這樣做。」

那你們為什麼不不這樣做？

對不起，請再說一遍！

我說，那你們為什麼不這麼做？為什麼你們不站在別人的肩上，從往日**學習**，而不再做同樣的事呢？**我**告訴你們為什麼。因為允許你們的孩子以批判的態度回顧與分析你們的過去——**要求**他們以此為他們教育的一部分——等於是冒險要他們**不同意你們的所作所為**。

當然，他們終究還是會不同意。你們只是不允許在教室中有過多的這類思考。所以，他們就走到街上，揮動標語，撕毀徵兵通知單，焚燒奶罩和旗幟，做盡所有的事讓你們注意，讓你們看到。你們的年輕人在對你們嘶吼：「一定有更好的辦法！」然而你們不肯聽，你們不要聽，當然也絕不鼓勵他們**在學校**對你們所給的資料做批判性思考。

接受就好了，你們對他們說。不要想叫我們認錯。只要知道凡是我們做的，都是對的就好了。

這就是你們教孩子的方式，這就是你們所謂的教育。

但是有人說，我們的國家、我們的世界之所以走入這個死胡同，就是因爲這些年輕人和他們自由主義的、瘋狂的、神經病的想法。他們把世界送進地獄了，推到毀滅的邊緣了。他們摧毀了我們以價值爲導向的文化，換以他們「只要我喜歡，有什麼不可以」的道德觀，結果眼看著就要毀滅我們的生活方式了。

你們的年輕人真的在毀滅你們的生活方式。年輕人**一向就在做**這種事。你們的責任是**鼓勵**他們，而不是挫折他們。

毀滅你們雨林的不是你們的年輕人，他們是要求你們**停止**。破壞臭氧層的不是你們的年輕人，他們是要求你們**停止**。剝削全世界血汗工廠窮人的不是你們的年輕人，他們要求你們**停止**。抽稅抽死你們，把錢用在戰爭和戰爭機器上的不是你們的年輕人，他們要求你們**停止**。忽視弱者與被踐踏的人，讓全世界每天上千的人餓死而明明卻有足夠的食物餵飽每一個人的，不是你們的年輕人，他們是要求你們**停止**。

參與政治的欺騙與操縱，不是你們的年輕人，他們反倒要求你們**停止**。對自己的肉體感到羞恥、尷尬而性壓抑的，不是你們的年輕人；把這種羞恥、尷尬與壓抑傳給下一代的，也不是你們的年輕人，他們反倒要求你們**停止**。發明「強權即真理」的價值體系，以暴力來解決問題的，也不是你們的年輕人，他們反倒要求你們**停止**。

不僅要求……他們**是在懇求你們**……

可是暴力的是年輕人！年輕人參加幫派，互相殘殺！年輕人對**任何**法令都嗤之以鼻——**任何**法令！是年輕人把我們逼瘋！

當年輕人為想改變這個世界而發出的呼喊與懇求，不能得到回應與理睬，當他們看到他們的主張落空——不管怎麼樣，你們都會按你們的意思行事——你們那並不愚蠢的年輕人就退而求其次。如果他們不能打敗你們，就加入你們。

你們的年輕人加入了你們的行為行列。若他們暴力，那是因為你們暴力。若他們唯物，那是因為你們唯物。若他們瘋狂，那是因為你們瘋狂。若他們以操縱、不負責任、羞恥的態度看待性，那是因為他們看到你們這樣做。年輕人與成年人唯一的不同之處，在於他們公開做。

成年人卻掩藏他們的所作所為，以為年輕人不會看到。但年輕人什麼都看得清清楚楚，沒有一樣東西可以躲得過他們。他們看到成年人的偽善，也拚命想要改變這種情況。但在竭盡所能仍然無濟於事以後，他們除了有樣學樣以外，別無選擇。這點他們錯了，然而**從來就沒有人教他們別的方法**。他們從來不被允許對長輩所做的事能有批判性的思考，他們被允許的只有記憶。而凡你記憶的，你就銘刻在心。

那麼，我們該怎樣教我們的年輕人呢？

第一，把他們當精神體看待。他們是進入肉體的精神體。對精神體而言，這不是容易的事，不是容易習慣的事。肉體對他們來說太侷促、太有限了，所以你們的孩子因突然這般有限而大哭。聽聽這哭聲，了解這哭聲，盡你們所能給孩子「不受限制」的感覺。

其次，要溫柔而小心的，將孩子介紹到這個你們所創造的世界。你們要十分小心是在把什麼東西置入孩子的記憶庫。孩子會記得他們看到、經驗到的一切。為什麼在孩子剛從母胎中生出來的那一刻，就打他的屁股呢？你們以為只有這樣才能讓他們的引擎開始發動嗎？為什麼你們在孩子生出來幾分鐘之後，就要把他跟母親分離呢？——而母體是他此生直到此時唯一知道的生存模式？量身高、稱體重、打針，不能等等再做嗎？——不能等到新生兒先領會了**這給予他生命的**母親給予他安全與舒適感之後嗎？

為什麼你們允許嬰兒最先接受的印象是暴力的印象？誰告訴你們那對孩子是好的？為什麼你們隱藏愛的印象？

為什麼要對他們掩藏你們的肉體，並且不讓他們用感到樂趣的方式觸摸身體，因之教導他們要對他們的肉體和其功能引以為羞，感到尷尬？對於樂趣，你們究竟對他們傳遞什麼訊息？對於肉體，你們教的是什麼？為什麼你們送孩子去念的學校，是允許並鼓勵競爭的，而「乖」和學得「最多」的則得獎，「功課成績」要分等級，按照自己的步調則幾乎不被容忍？你們的孩子從這些事懂得的是什麼呢？

為什麼你們不教孩子音樂的韻律、藝術的喜悅、童話的神秘與生命的美妙呢？為什麼你們不把在孩子天性秉賦中的東西展開出來，卻要把不自然的東西強加在孩子身上呢？

為什麼你們不允許年輕人去學習邏輯、批判性思考、解決問題的能力與創造力，運用他們自己的直覺和最深的內在知識，卻要教他們種種規矩，背誦種種體制和結論——而實際這是你們的社會早已證明完全不能由之進化卻仍舊在用的？

最後一點：教他們**概念**，而不是**資料**。

設計的課程表，以下面三個核心概念為基礎：

覺醒（Awareness，**覺察**）

誠實（Honesty，**誠信**、**正直**）

責任（Responsibility，**義務**）

從孩子最小的時候就教他們這些概念，讓這些概念自始至終貫徹在課程中。把你們全部的教育模式都建立在這些概念上，所有的訓誨都深深扎根在這些概念上。

我不了解其中的意思。

它的意思是，你們所教導的一切都要源自這些概念。

你能解釋一下嗎？我們怎麼教讀、寫、算？

從最初級的「讀」本到最複雜的讀本，所有的故事、小說和主題討論，都以這些核心概念為中心。這就是說，它們將是有關覺醒的故事，有關誠實的故事，有關責任的故事。向你們的孩子介紹、注入、浸潤這些概念。

「寫」的課程也同樣以這些核心概念為中心，當孩子們長到有能力表達他們自己時，也要以與此核心概念有關的概念相浸染。

即使「算」術的技巧，也要在此框架之內教導。算術與數學並非抽象的，而是宇宙中活生生的生命最基本的工具。所有的計算技巧都得規畫到以這些核心概念和其衍生物為焦點而教育後代。

這些「衍生物」是什麼？

借用你們媒體炒熱的用詞，就是副產品。你們整個的教育模式都該建立在這些副產品上，而不是你們目前課目表上的那些——那些主要都是事實與資料。

比如呢？

好吧，讓我們運用一下想像力。對你的人生來說，哪些概念是重要的？

呃……嗯，我得說……誠實——就如你剛剛說的。

好，說下去。這是一個核心概念。

呃，嗯……公正。對我來說，這是一個重要的概念。

好。還有嗎？

善待他人，這是一個。我不知道怎麼把它說成一個概念。

說下去。只按照思想的流動就好。

與人和睦，容忍，不傷害他人，視他人與自己平等，我希望我能教孩子這些。

好得很！說下去。

呃……相信自己。這是一個好概念。還有，呃……等等，等等，……來了一個。呃……嗯，對了：尊嚴過活我猜我可以稱它爲尊嚴過活。我還是不知道怎麼把它說成一個更好的概念，但它跟人怎麼樣度日，怎麼樣尊重他人和他人的生活方式有關。

這是個好念頭，這一切都是好念頭。你現在掌握到了。還有許多這類概念，是你們的孩子如要進化為完全的人類所必須深深領會的。但你們在學校不教這些。這些我們現在在談的，是人生中最為重要的東西，可是你們在學校不教這些。你們不教什麼是誠實，你們不教什麼是責任，你們不教什麼是覺察他人的感受，什麼是尊重別人的生活方式。

你們說，父母應教這些東西。然而父母只能傳授他們自己被傳授的。父親的罪會傳給兒子。所以，你們在家裡教導你們的父母教導你們的東西。

眞的？那錯在什麼地方？

就像**我**一再說過的，你最近有沒有看看世界？

你總是要把我們拉回到這裡。你總是要我們看這個。但這些並不都是我們的錯。世界其他地方的事不能都歸罪於我們。

這不是歸罪的問題，而是選擇的問題。如果你們不為人類所做和正做的選擇負責，誰該為？

好吧，我們不能爲所有的負責。

我告訴你們：除非你們願意為**所有的**負責，**否則你們就不能對它有任何改變**。你們不能老是說是**他們**做的，是**他們**在做，巴不得**他們**立刻住手！記得華特‧凱利（Walt Kelly）的諧音波哥（Pogo）的話嗎？永遠不要忘記：

「我們遇到敵人了，而他們是我們。」

我們幾百年來一直重複同樣的錯誤，我們豈不……

是幾千年來，我的孩子。你們幾千年來都在重複同樣的錯誤！人類在最基本的本能方面比洞穴人並沒有進化多少。然而每次要改變都會遭到恥笑。每一次要檢視你們的價值觀或要改造它們，都會喚起恐懼與憤怒。現在可好，從**我**而來的觀念是要你們實際上**在學校**教授高等的概念。好啦，孩子，現在我們真的是如履薄冰了。

不過，在高度進化的社會，這正是他們做的。

但問題是，並非所有的人都同意這些概念和它們的意涵。這乃是爲什麼我們無法在學校教授這些。如果你把這些東西加到學校的課程中，家長們就會發瘋。他們說你在教授「價值」，而學校沒有空間教授這些。

他們錯了！再說一遍：以人類所說他們想要做的事情而言——就是建立一個比較好的世界——他們**錯了**。學校**正是**教授這些東西的地方。正**由於**學校可以免受父母成見的影響。你們已經看到，父母親**因把**他們的價值觀傳給孩子，已經把你們的星球搞成什麼樣子。你們的星球是一團糟。

你們不了解文明社會最基本的一些概念。

你們不知道如何不以暴力來解決衝突。

你們不知道如何過沒有恐懼的生活。

你們不知道如何不以自利而行事。

你們不知道如何不設條件而愛。

這些都是基本的——**基本的**領會，而你們**在千年之後，萬年之後**，卻連充分的領會都不曾開始，更不要說把這領會付諸實行。

有沒有辦法脫離這一團糟？

有！就在你們學校！就在你們對年輕人的教育！你們的希望在下一代，更下一代！但你們必須不再把他們泡在過去的方式中。那些方式沒用。它們沒有把你們帶到你們想要去的地方。然而，如果你們不當心，你們真的會走到你們衝往的地方！

所以，趕快止步！向後轉！坐下來，大家好好想一想。為你們身為人類最偉大的理想，創造出最恢宏的版本。然後，找出最符合這理想的價值觀和概念，**在學校傳授**。

比如，何不傳授這樣的課程：

- 領會力
- 和平解決衝突的方式
- 互愛的構成因素
- 人格與自我創造
- 身、心、靈如何運作
- 如何從事創作
- 歡慶自己，尊重他人
- 性愛的歡悅表達
- 公正
- 容忍
- 多樣性與相似性
- 合乎道德的經濟學

・富於創造性的意識和心靈能力
・覺察與覺醒
・誠實與責任
・公開與透明
・科學與精神性

其中有許多我們正在教。我們稱之爲社會學。

我指的不是一學期兩天的課。**我**指的是這每一種都成為獨立的課，我指的是你們學校的課程表完全更改，**我**指的是以價值為基礎的課程表。你們現在所教的，主要是以事實資料為基礎的課程。

我指的是把你們孩子的注意力集中在對這些核心概念的領會上，把教育的理論結構圍繞在這些價值體系上——正如你們現在建立在事實、資料和統計學上。

在你們的銀河和宇宙中高度進化的社會裡（這我們會在第三部更詳細的說明），人生觀在孩子很小時就開始教導。你們所謂的「事實」，在他們的社會則甚晚才教，因為他們認為重要性差許多。

在你們的星球上，你們創造的社會是讓小約翰還沒有離開幼稚園就會閱讀，卻不懂得怎麼不咬他弟弟。小蘇珊則越早會用乘法表、會用測驗卡、會死背死記越好，可是卻不懂得她的肉體沒有什麼可羞可窘的。現在，你們的學校之所以存在，主要是為了提供答案。如果主要是要問問題就好得多。誠實是什麼意思？負責是什麼意思？或「公正」是什麼意思？就這個角度來看，二加二等於四是怎麼講？高度進化的社會鼓勵孩子們去為他們自己**發現答案和創造答案**。

可是……可是，那天下會大亂！

跟你們現在不天下大亂的情況相比……

好吧，好吧……它們讓我們更天下大亂。

我不是建議你們統統不把你們所學習到的，和所決定的事務與你們的後代在學校分享。相反，學校會把長輩所學習到的、所發現的、所決定的和選擇的分享給年輕人。學生可以因而觀察到這些是如何在運作。然而，在學校，你們把資料當成「那是對的」的東西來給學生，而資料卻只能當作資料才對。

往日的資料不應當作現在真理的基礎。往日的資料或經驗永遠只能當作新問題的基礎。寶藏永遠都應在問題中，而不在答案裡。

而問題永遠都是一樣。對於這往日的資料，你們同意還是不同意？你們怎麼想？這永遠都是關鍵問題。這永遠都是焦點。你們怎麼想？**你們怎麼想**？你們怎麼想？

孩子們顯然會把父母的價值觀帶到這個問題上來。父母親在創造孩子的價值體系時，繼續扮演著重要的角色。學校的注意力和目的，是從教育的最早期直至畢業，都鼓勵後代去尋求他們自己的價值體系，學習如何去運用──是了，甚至去懷疑。因為，不讓孩子懷疑父母的價值觀的父母，不是愛孩子的父母，而是**透過**孩子愛自己的父母。

我希望——呃，我多麼希望有像你描述的這樣的學校！

有幾所正在走向這個模式。

有嗎？

有。讀讀一個叫作魯道夫・斯坦納的人所寫的東西，研究一下他所推展的華德福學校的教學法。

嗯，當然，我略知一二。這是一所營利的學校嗎？

這是一所實驗學校。

因爲我跟華德福學校熟悉，你知道的。

我當然知道。你生命裡的每一件事都協助了你，把你帶到此刻。**我**不是在本書開始之際才跟你說話。**我**已經跟你說了很多年，透過你所有的相關人、事與經驗。

你是說，華德福學校是最好的？

不是。**我**是說，就以你們身為人類想要走向的地方，就以你們宣稱你們想要做的事，就以你們說你們想要成為的人而言，這是一個有效的模式。我說，它是一個例子——**我**能舉的幾個之一，儘管你們星球上和你們的社會中這種例子不多——說明教育如何可以把焦點放在「智慧」上，而非僅是「知識」上。

哦，這是一個我非常推崇的模式。華德福學校和其他學校有許多不同。讓我舉一個例子。那是一個簡單的例子，但很能夠說明這個學校的不同。

在華德福學校，老師隨孩子從一年級教到六年級。這些年，孩子的老師都是同一個，而不是一個一個的換。你能想像師生之間的關係會多麼密切嗎？你能看出其中的價值嗎？

老師就像孩子是自己的一樣那麼了解他們。孩子們對老師也到達一種愛與信賴的程度，是許多傳統學校無法夢想的。孩子在六年以後，老師重又返回一年級，從頭帶領新的孩子走過六年級的課程。一個獻身於華德福學校的老師，一生可能只教四五批的孩子。但是對孩子來說，她或他比傳統小學的任何教育都更重要。

這種教育模式承認並表明：在這種範型中所分享的**人際關係**，所分享的**愛**和**緊密**，要比老師教給孩子的事實資料重要。華德福像是家庭之外的家庭學校。

沒錯，那是一個好模式。

還有其他好模式嗎？

有。在你們星球上，你們的教育是有一些進步，但非常慢。即使在公立學校想要開設目的導向的、技藝發展的課，都會遭到抵制。大家以為它有威脅性，或沒有功效。他們要求孩子學習事實資料。不過，仍舊有些在進步，然而要做的還很多。

就以你們說身為人類你們所要追尋的而言，這僅是人類經驗中可徹底檢討的領域之一。

是的，我可以想像政治領域也需要做一些改變了。

沒錯。

10 目前的政治只是滔天大謊

我一直在等這個議題。當你說第二部將談論地球大事時，我還沒有想到你會談論政治。那麼可不可以由我提出一些較初級的問題，來開始看看我們人類的政治呢？

沒有問題是不值得的，問題就和人一樣。

說得好。那麼容我請問：以國家自己的既得利益爲基礎而從事外交，是錯的嗎？

不是。首先，從**我的**觀點來看，**沒有什麼**是「錯」的。但我知道你的意思，所以我會以你的意思、以你的用意來說。**我**用「錯」這個字是指，「就以你們選擇要做什麼樣的人、做什麼樣的事而言，那對你們是無用的。」你們是「對」是「錯」，**我**一直是以這樣的含意；也一直是以這個含意，才有所謂對與錯。那麼，以這個含意來說，以既得利益為基礎來考量外交政策，並不是錯的。錯的是你們裝作並非如此。

當然，大部分國家皆是如此。它們為某些原因來採取行動或**不**採取行動，用的卻是另一組藉口。

為什麼？為什麼大部分國家這樣做呢？

因為政府知道，如果人民了解大部分外交政策的真正原因，則人民將不會支持。

各處的政府都是如此。很少有政府不刻意誤導人民的。欺騙是政治的一部分，因為，除非政府能讓人民相信它的決策是為人民的利益，很少人會選擇被這般統治——有些人則選擇根本不被統治。

想讓人民相信非常不易，因為大部分人民都把政府的愚蠢看得清清楚楚。所以，政府為保有人民的忠心，就不得不說謊。你們有格言說：「如果你的謊言夠大、夠久，就會變成『真理』。」——你們的政府正是這句話的範本。

掌權的人永遠不可讓民眾知道他們是如何拿到權力的——也永遠不可讓民眾知道，為了繼續掌權，他們做了些什麼和將要做些什麼。

真理（實情）與政治是不能相混的，因為政治是這麼一種藝術：為達到想要的目的，只說必須說的話，並且只能以恰當的方式說。

並非所有的政治都是壞的，但政治的藝術則是實用的藝術。它非常清楚眾人的心理。它明白大部分人是以私利為出發點的。所以，政治乃是掌權的人意圖說服你們，**他們的**私利就是**你們的**私利的辦法。

政府都很懂得私利。這乃是何以政府都很會設計「嘉惠民眾」的計畫。

最開始，政府的功能非常有限。它們的目的只是在「保存與保護」。後來又有人加上了「供養」。當政府不但是人民的保護者，而且變成了人民的供養者時，政府就開始**創造**社會，而不僅是保存。

但政府不僅是在做人民所要的事而已嗎？政府不僅是在提供機制，讓人民在社會的層次上自我供給嗎？比如，在美國，我們非常重視人性的尊嚴、個人的自由、機會的均等和孩童的照顧。我們訂下了法律，並要求政府提出計畫，供給年長者收入，以便他們在過了賺錢的年齡以後，仍有生活的尊嚴；保證公平就業，所有的人都有居住房屋的機會——即使那些跟我們不一樣的人，或那些生活模式我們不同意的人；透過兒童勞動法來保證國內的兒童不致成爲國家的奴隸，而凡是有孩子的家庭，都不致過著無基本需求——食、衣、住——的生活。

這些法令很能反映你們的社會。然而，在供給人民所需時，一定要小心，不要剝奪他們最高的尊嚴，亦即他們在個人能力、創造力與巧慧上的發揮。因為這些力量的發揮，可以讓人覺察到他們有能力供養自己，這是一個必須達成的巧妙平衡。你們似乎只知道從一個極端走向另一個極端。你們不是要求政府為人民「做一切」，就是在明天消除政府所有的計畫、政策和法令。

沒錯。可是，一個社會如果只把最好的機會給予那拿「對」了憑證（或沒拿「錯」的憑證）的人，就有許多人無法供養他們自己。一個國家的房東不肯把房子租給大家庭，公司不肯晉升女性，正義往往只是地位的產品，預防性的醫療照顧只限於有足夠收入者，而許多歧視與不平等仍大量存在時，有許多人不能供養他們自己。

那麼，政府必須取代人民的良心？

不是，政府**是**人民的良心——明白宣示的良心。透過政府，人民尋求、冀望與決心改善社會的弊端。

說得好。不過，**我**還是要說，你們必須小心，不要悶死在意圖保障人民呼吸之權的法律中！

你們不可能為道德立法，你們不可能訓令平等。

世界需要的是集體意識的**轉移**，而非集體良心的**加強**。

一切法令和一切政策都必須源自你們是什麼，必須是**你們是誰的**真實反映。

我們社會的法令真的反映了我們是誰！它們對人人說：「這就是生活在美國的樣子！這**就是**美國人的樣子！」

在最好的情況下，也許如此。但你們的法律往往是那些**有權勢的人**認為你們**應當是**的宣言，實際你們並不是。

「少數精英」透過法律教誨「無知大眾」。

正是。

那又有什麼「錯」？若說最聰明、最優秀的少數願意審視社會和全球的問題，提供解決辦法，這不也是服務眾人嗎？

要視這些少數人的動機而定，還要看他們的透明度。一般說來，沒有任何辦法比讓「眾人」治理自己更有益於眾人。

無政府主義，從來就沒有用。

如果一直由政府告訴你們做什麼，你們就永遠不能成長、變為偉大。

我要反駁一下，政府——我的意思是指我們爲了管理自己而選擇的法律——是一個社會是否偉大的反映；偉大的社會通過偉大的法律。

少得很。因為在偉大的社會中，必要的法令非常少。

不過，眞正沒有法律的社會卻是原始的社會，在那樣的社會中，「強權即眞理」。法律是人劃平遊戲場的意圖，以便保證眞正對的事情，不論強者弱者，皆可通行。如果沒有我們互相同意的行爲法規，我們怎麼共存？

我不是建議不要有行為法規和相互的同意。我建議的是，你們的法規和同意應建立在對私利的更高理解和更恢宏的定義上。

大部分法令規定的，實際上是最有權勢的人為他們的既得利益而設的。

讓我們只以抽菸的例子來說明。

現在，你們的法令規定不可以種植和使用一種叫大麻的植物，政府說那對你們不好。

然而同一個政府卻告訴你們說，種植和使用**另一種**叫作菸草的植物是對的。但這卻並不是因為它對你有益（實則政府也說那是有害的），而是由於你們一向這樣做。

頭一種植物不合法，第二種植物合法，跟健康沒有關係，跟經濟卻有關係，也就是說跟權勢相關。

因此，你們的法律**並非**反映你們社會自認為是什麼或希望是什麼——你們的法律反映的是：**權勢何在**。

不公平，你選的是矛盾很明顯的例子，但大部分情況並非如此。

相反，大部分都如此。

那麼，解決的辦法是什麼？

法律——也就是限制——盡量少。

第一種植物之所以不合法，表面的**理由**是為了健康。**實情**則是，第一種植物並不比香菸和酒更有害於健康，而後兩者卻受到法律**保障**。第一種為什麼不被允許？因為如果讓它生長，則全世界半數的棉花業者、尼龍和人造絲製造業者、木材業者都會失去生意。

大痲偏偏是你們星球上最有用、最強、最壯、最耐用的材料。你們製造不出比它更好的衣料、更結實的繩材、更容易收成的紙漿材料。你們每年砍幾百萬棵樹做成紙漿，好讓你們在報紙上讀到全球的森林如何被摧折。大痲卻可以供應你們百萬份報紙，而不用砍一棵樹。事實上，大痲可以用十分之一的代價取代許許多多的質材。

這才是關鍵。如果允許種植這種奇妙的植物——順便說一聲，大痲也有特殊的藥效——**則有些人會丟錢**。這乃是在你們國家大痲為什麼非法！

那售價不貴、對健康有合理照顧的電動汽車，家用太陽能供熱、太陽能供電之所以遲遲不大量生產，也是同樣理由。

多年來，你們早就有資力和科技來生產這些東西。可是為什麼你們沒有呢？**看看如果你們做了，誰會丟錢**，你們就會找到答案。

這就是你如此自傲的偉大社會？你們的「偉大社會」必須拖、必須拽、必須踢、必須吼，才會考慮公共福利。每次有人提公共福利，人人就會大叫「共產黨」！在你們的社會，**若為衆人提供福利，未有某人獲得重大利益，都往往會石沉大海**。

不僅你們國家如此，全世界都一樣。因此，人類所面臨的問題是：私利是否可以被最佳的利益——公利——所取代？若可以，又如何去做？

在美國，你們試圖透過法律來提供最佳利益——公利，但你們失敗得很慘。美國是全球最富裕、最強盛的國家，可是嬰兒死亡率也名列世界前茅。為什麼？因為**窮人付不起**產前和產後照顧——而你們的國家是**唯利是圖的**。**我**舉這個例子只在說明你們可悲的失敗。你們國家比大部分工業國的嬰兒死亡率偏高，應當讓你們憂心才對。可是不然。這大大說明了你們的社會優先順序何在。別的國家供養病患、匱乏之者、老年人和殘障人士。你們卻供養有錢有勢、有地位的人。美國百分之八十五退休的人**過著貧窮的生活**。這些年長的美國人和大部分低收入戶，都以當地醫院的急診室為他們的「家庭醫生」，在可怕的環境下尋求醫療，而幾乎完全得不到預防性的醫療照顧。

你可以看到，沒有什麼錢可用的人就沒有利益可得……他們已經被用盡了……

而這就是你們**偉大的社會**——

你把情況說得相當慘。但美國比世界上任何其他國家對非特權階級與不幸者，都做了更多的事——不論是在美國，還是在世界其他地區。

美國做了許多，這是明顯的事實。但你知不知道，以美國的生產毛額來算，美國比許多小國家所提供的外援比例都小？重點是，在你們自得自滿之前，或許應先看看周遭的世界。因為如果這就是你們對比較不幸者所能做的事，則你們全都還有太多該學習的地方。

你們生活在一個浪費的、頹廢的社會中。你們把樣樣物品都設計成你們工程師所說的「有計畫的廢棄」狀態。汽車貴三倍，卻只能用三分之一的時間。衣服在穿第十次的時候就散掉。你們在食品裡加化學物，為了使它可以在架子上長久一些，竟不管這會縮短你們的壽命。為了一些荒謬的成績，你們支持並鼓勵對運動明星付出邪門的薪水，可是老師、教士和那些要救治你們免被疾病殘害的研究人員，卻到處求錢而不可得。你們天天在超市、飯店和家庭丟棄大量食物，其數量足以餵飽半個地球。

然而這些話並不是在告發，而只是觀察。而且並不僅美國如此，因為這種讓人痛心的態度像瘟疫一樣橫掃全球。

全球各處非特權階級為了活下去，都必須乞求與儉省；而那些掌權的少數，保護並增加大筆的現鈔，蓋著絲棉被，早晨起來在浴室扭轉黃金打造的水龍頭。當只剩下皮包骨的小孩死在哀號的媽媽懷中之際，他們國家的「領袖」卻在從事腐敗的政治，使得捐贈的食物無法到達饑民的手上。

似乎沒有一個人有權力來改變這些境況，然而實情是，權力不是問題所在，而是似乎沒有人**有意願**。

而只要沒有人把他人的苦難看作是自己的，這情況就會一直繼續下去。

嗯——**我們為什麼不呢**？我們怎麼可能日日看著這些暴行，卻允許它們繼續下去呢？

因為你們**不在乎**，因為你們缺乏關懷，這是整個星球面臨的意識危機，你們必須決定你們到底要不要**互相關懷**。

這似乎是個讓人痛心的問題，爲什麼我們不能愛我們的家人呢？

你們愛自己的家人，只是你們的「家人」範圍太有限。你們不認為自己是人類家庭的一分子，因此人類家庭的問題就不是你們的問題。

地球上的人要如何才能改變他們的世界觀呢？

這要看你們想要變成什麼樣。

我們如何才能消除更多的痛苦？

靠消除你們之間一切的分別與歧視，靠建立一個新的世界觀，靠把這些世界觀維持在一個**新觀念**的架構之內。

什麼新觀念？

和你們現在的世界觀相去甚遠的觀念。

目前，你們把世界——我是指地球政治學上的——視為許多國家的集合，每個國家各自分離、獨立、施行主權。

各自獨立的國家之內政問題，大部分不被認為是整個群體的問題——除非它們影響到了整個群體（或群體中最有權勢的分子）。

整個群體對個別國家的狀況與問題的反應，是以較大的群體的既得利益為基礎。如果這較大群體中，沒有一個分子有所損失，則個別國家的狀況即使如地獄，也沒有人在乎。

每年可以有上萬人餓死，上萬人死於內戰，暴君可以蹂躪村野，獨裁者及其軍隊可以姦淫殺掠，專制政權可以剝奪人民最基本的生存權——而世界的其餘部分可以視若無睹。而你們說，那是「內政問題」。

但是，當**你們的**利益受到威脅，當**你們的**投資、**你們的**安全、**你們的**生活品質受到威脅，你們就發動全國力量，甚至試著鼓動全球力量，衝到那天使都不敢涉足的地方。

這時你們就撒下滔天大謊——說你們是為了人道而行動，是為了幫助世界上被壓迫的民族；而實情是，你們只是為了保護自己的利益。

這種實情的證據是，凡你們沒有利益之處，你們就不關懷。

世界上的政治運作都以私利爲基礎。有什麼新鮮？

如果你們想改變你們的世界，就必須有些新鮮的東西。你們必須把別人的利益視為自己的利益。而這只有在改變你們全球的現況，並依之管理自己才有可能。

你是在說全球一個政府？

對。

11 全球軍費每分鐘一百萬美元

你曾答應要在第二部中談一談地球上所面臨的重大政治議題（這與第一部中基本上談個人議題有別），不過我沒想到**你**會談到全球單一政府的問題！

現在已是時候了，世界不能再自欺，要覺醒過來，認清**人類唯一的問題**是缺乏愛。

愛能產生寬容，寬容能產生和平。不寬容製造戰爭，並對不可忍受的狀況漠然視之。

愛，不可能漠然。它不知道如何能夠漠然。

通往愛與對全人類的關懷，最快的途徑是把所有的人類視為你的家人。

把所有的人視為家人最快的途徑，**是不再分別彼此**，意即世界各國必須合而為一。

我們有聯合國。

這既無力又無能。這個組織若想能夠運作，就必須徹底重新組織。這並非不可能，但或許很困難，很麻煩。

好吧。那，**你**有什麼建議？

我沒有「建議」，**我**只提供觀察。在我們的對話中，你告訴**我**你們的新選擇是什麼，而**我**則提供可行途徑方面的觀察。就目前你們星球上各民族與國家之間的關係而言，什麼是你們現在的選擇呢？

我要借用**你**的話。如果是我，我就會爲我們選擇「走向對全人類的愛與關懷的地方」。

若選擇如此，則**我的**觀察認為，應形成一個新的世界政治社團，每個國家就世界事務有同等發言權，對世界資源有平等比例的分享。

這永遠行不通，那些「有」的永遠不會把他們的主權、財富與資源給那些「沒有」的。

而且，純爲了頂嘴，我想請問：爲什麼他們要？

因為這**符合他們的最佳利益**。

他們會看不出來，而我也不確定能看得出來。

如果你們每年能在全國的預算中加幾十億美元——用在給飢餓的人吃，給需要的人穿，給貧窮的人住，給年長者安全，提供更好的健康醫療，滿足所有人的尊嚴生活水準——這不符合你們國家的最佳利益嗎？

好吧。在美國，有一些人會說，這是叫有錢人和中產納稅人付費來幫助窮人。但同時國家卻繼續走向地獄，罪犯橫行，通貨膨脹奪走人民的儲蓄，失業率比天高，政府越來越肥，而學校則分發保險套。

你好像在說脫口秀。

嗯，這其實眞的是許多美國人所憂心的。

那他們就太短視了。一年幾十億，也就是每個月數千萬，每個星期幾百萬，每天則沒有多少的錢——投入你們的體制中，難道你們看不出，如果能用這些錢來給飢餓的人吃，給需要的人穿，給貧窮的人住，給年老者安全，給所有的人健康照顧和尊嚴，則犯罪的原因就永遠不存在？你們難道看不出，這樣就業機會將如雨後春筍般增加，而你們的政府組織也可以縮減，因為**它能夠做的事會變少**？

我認為其中有些的確會發生——但我無法想像政府**會**變小——而且這幾十億的錢又從哪裡來呢？由**你的**新政府來課稅嗎？從那些「由工作而獲得」的人那裡取來，給那些「不能靠自己的腳來站立」而向人求取的人嗎？

這可是你真正的看法？

不是，但這是**許多人**的看法，而我希望能公平的把他們的看法表達出來。

好吧，稍後**我**會再談這一點。目前**我**不想離題，但**我**稍後會回過頭來再說。

這很好。

你剛才問：這些錢哪裡來？好，它們不是來自新的世界社區新課徵的稅（不過，社區的成員——也就是個體公民——在開明的新政府之下，會**想要**捐贈收入的百分之十來供應整體社會的所需）。這錢也不是來自任何地方政府的稅捐。事實上，地方政府一定還可以減稅。

所有的這些——所有的這些需要的錢——都可以僅是從重建你們的世界觀而

得，從重整你們的世界政治結構而得。

怎麼得？

從節省你們的防禦系統和攻擊系統而得。

哦，我懂了！你要我們結束軍事！

不僅是**你們，是世界上的每一個人**。

但並非**結束**，只是減少——大幅減少。社會秩序是你們唯一需要維持的，你們可以加強地方警力——這是你們說要做，卻每年在預算提出時，喊著你們做不到的——同時又可以大量削減花在戰爭與備戰方面的錢——也就是大量的毀滅性攻防武器的錢。

第一，**你**誇大了可以省自這方面的錢。第二，我不認爲**你**可以說服大家放棄自衛能力。

讓我們看看數字。目前（寫這一段時是一九九四年三月二十五日）全世界各政府每年花費一兆美元在軍事用途上。也就是全世界每一分鐘有**一百萬美元**。**花錢**最多的各國，可以把大部分的錢**改用在**我們前面所提的急需事務上，因此，富有的大國將會看到這符合它們的最佳利益——**只要**它們認為這是可以做的。但富有的大國無法想像自己可以不具防衛力，因為它們害怕那些嫉妒它們的國家會侵略、攻擊它們，**想要它們所擁有的東西**。

有兩條途徑可以消除這種威脅。

1 跟全世界所有的人共同充分分享全部的財富與資源，使得沒有一個人想要別人所擁有的，而人人都生活於尊嚴中，遠離恐懼。

2 創造出一個體制，消除不同，消除戰爭的需求——甚至連戰爭的可能性都消除。

世人恐怕永遠做不到這一點。

他們已經在做了。

已經在做？

對，這偉大的實驗正以這種政治秩序的方式在地球上進行，這實驗被稱為美利堅合眾國。

可是**你**曾說我們失敗得很慘。

對，距離成功還差很遠（**我**說過，這件事——以及使它尚未能實現的原因——稍後再談）。不過，這仍是在進行中最好的實驗。

就像邱吉爾所說：「民主是最壞的制度——除了其他制度以外。」

你們的國家是第一個把各州組成一個寬鬆的邦聯，並成功的結合成密切群體的國家，每一州都服從邦聯中央政府。

一開始，沒有一州想要這樣做，每一州都極力反抗，害怕失去各自的偉大，宣稱這樣的聯合不符合其最佳利益。

了解一下當時各州在做什麼，具有啓發作用。

雖然它們都加入了一個寬鬆的邦聯，卻沒有真正的美國政府，因此，沒有力量執行各州都同意了的邦聯條款。

各州都自行處理外交事務，有幾州跟法國、西班牙、英格蘭和別的國家締結商務和其他事務的協議。各州也相互貿易；而雖然邦聯條款禁止，有些州仍舊把其他州運來的貨物課稅——就如舶來品一樣！商人為了買賣，不得不付稅，因為沒有中央政府——儘管有條文規定禁止各州互相課稅。

各州也互相發動戰爭。每州都認為自己的民兵是常備軍；有九個州都各有自己的海軍，十三州邦聯的每一州的官方座右銘都可以說是「別想踐踏我」。

有一半以上的州甚至自印鈔票。（儘管邦聯曾同意這樣做是不合法的！）

總之，你們原來的各州，雖然在邦聯條款下結合在一起，實際上卻像今天的獨立國一般各行其是。

儘管各州都看出邦聯協議（諸如賦予國會獨有鑄幣權）不能運作，它們卻堅決反對創造和服從一個中央政府，使其得以強制執行這些協議。

然而，一些進步的領袖漸漸開始掌權。他們說服百姓創造一個這樣的新聯邦，所得要大於所失。

商人會省錢，增加利潤，因為各州不再互相課稅。

各州政府會省錢，會有更多的錢來執行真正幫助人民的計畫，因為資源不必用來互相防備。

人民會更安全，更有安全感，也會更繁榮富裕，因為互相合作而非互相打鬥。

各州不但不會喪失其偉大，而且會變得更偉大。

而事實上發生的情況正是如此。

今天，全世界一百六十個國家，**如果**可以結合為一個世界聯邦，情況也是一樣，那意謂不再有戰爭。

那該怎麼做？大家會有爭執。

只要人類仍執著於外在事物，就一定會如此。要真正消除戰爭以及一切不安和混亂，是有一條路可走，但那是一條精神性的（靈性的）道路。我們此處所尋求的則是一條全球政治的路。

事實上，關鍵在**兩者合一**。靈性真理必須在實際生活中實踐，以改變日常經驗。

你說得沒錯，除非這種改變發生，否則一定會有爭執。但人類無需戰爭，無需屠殺。

加州和奧列岡州會為了水權發生戰爭嗎？馬里蘭州和維吉尼亞州會為了漁業發生戰爭嗎？威斯康辛和伊利諾呢？俄亥俄和麻薩諸塞呢？

不會。

為什麼不會？它們之間不是有許多爭執嗎？

多年來都是如此，我想。

你可以打賭。但這些州都自願同意——這是一種單純的、自願的**同意**——在共同的事務上，共同遵守某些法律和協約，而在各州自己的事務上則有權自訂法令。當州與州因為各自對聯邦法的解釋不同——或因某一州逕自違法——而產生爭執，則它們訴諸法庭來解決爭端——此種法庭是由各州**賦予權威**來解決它們的爭端的。

若當前的法律體制不能提供判例或方式，以**圓滿解決**該項訴訟，則當事的各州及其人民，就派代表到中央政府，致力於創製新的法律，使能圓滿解決問題——或至少達成合理的協議。

這就是你們的聯邦**運作**的情況。一套法律體系，一套法庭體系，由你們**賦予權力**以闡釋法律，還有一套司法體系——如果必要，由武力做後盾——來強制執行法庭的判決。

雖然沒人能說這套體制不需改善，但這套政治合成體卻已運作了兩百多年！

沒有理由懷疑**同樣的方法不能在國與國之間運作**。

如果這麼簡單，爲什麼沒去試呢？

有在試，國際聯盟是較早的一次試驗，聯合國則是最近的。前者失敗了，而後者則成效不彰——就像美國原先的十三州邦聯——各國（尤其是最強大的國家）害怕國際情勢的重新結構讓本國得不償失。

這是因為「有權勢的人」對掌權的關懷，大於對改善**所有人的**生活品質的關懷。「有」的人知道這樣一種世界聯邦無可避免的要為那些「沒有」的國家生產更多的東西——但是那「有」的國家卻認為是**要他們付出代價**……而事實上，他們也不需放棄。

難道他們的恐懼不合理嗎？他們想要抓住奮鬥了這麼久才得到的東西不合理嗎？

第一，把更多的東西給飢渴和無屋可住的人，並不必然要富有的人放棄他們的富裕。

如**我**已經說過的，你們所要做的，只是把每年 1,000,000,000,000 美元的軍事費用轉作人道費用，你們可以不用多花一毛錢，不用把財富從現有之處轉往現無之處就可做到。

當然，那些國際軍火販子可能會有損失，還有那些受軍火販子雇用的人，以及所有那些由世界的衝突意識而發財的人——但你們的財源可能擺錯了位置。如果某些人必須靠世界的紛爭才能存活，則正解釋了何以你們的世界那麼抗拒可得永久和平的改變。

至於你問題的第二個部分：想要抓住奮鬥了那麼久才獲得的東西——則若從外在世界的意識來看，不論就個人而言還是就國家而言，都並非不合理。

什麼意識？

如果你最大的快樂只由外在世界——你自身之外的物質世界——得來，則不論是個人還是國家，你都**絕不**肯為了讓自己快樂而放棄一點點你所累積的財富。那「沒有」的，只要仍認為他們的不快樂是起於**缺乏**物質的東西，他們就也會陷於同樣的迷失中。他們會不斷的要求分享你們已有的，而你們則不斷的拒絕分給他們。

這就是為什麼我稍早曾說有一個真正消除戰爭，也消除**一切**不安與缺乏和平經驗的方法，那是一種精神性的解決法。

推到最後，全球政治上的一切問題，正如每個人的一切問題，都可歸結精神性的（靈性的）問題。

生命的一切都是精神性的，因此，生命的一切問題都是起於精神——並由**精神來解決**。

你們星球上之所以產生戰爭，是因為某些人擁有某些東西是另一些人要的；也因為某些人做某些事，而另一些人又不要他們做。

所有的衝突都起於錯置的欲望。

全世界唯一能夠持續的和平是內在的和平。

讓每個人都在內在找到和平。當你在內在找到和平，你就也可以在外在找到。這意謂你不再需要外在世界的東西。「不需要」是大自由。第一，它使你免於恐懼：恐懼某些東西是你所沒有的；恐懼某些東西是你會失去的；恐懼如果沒有某某東西，你會不快樂。

第二，「不需要」使你免於憤怒。**憤怒是表現出來的恐懼**。當你無所恐懼，你就不再因任何事而憤怒。

當你沒有得到你想得的，你不會憤怒，因為你想要某物，並非必需，而是喜好。因之，沒有得到，你也不會恐懼。因此，不會憤怒。

當你看到某人做你不要他做的事，你也不會憤怒，因為你不需要他做或不做任何事，因之不會憤怒。

當某某人不友善時，你不會憤怒，因為你不需要他友善。當某某人不愛你，你不會憤怒，因為你不需要他愛你。當某某人殘忍、傷人或想要傷害你，你不會憤怒，因為你不需要他們的行為有所不同，因為你清楚你不可能受到傷害。

甚至當有人要取你的性命，你也不會憤怒，因為你不懼怕死亡。

當你不再有恐懼，則任何其他的東西都不會使你憤怒。

因為，你內在知道，直覺上知道，一切你們所創造的都可以再創造，或說——更重要的——那不重要。

當你找到內在和平，任何人、任何地方、任何事物、條件、狀況、處境的在與不在，都不能再是你心境的創造者，不再是你生存經驗的起因。

這並不意謂你摒棄肉體的一切事物，全然不是。你充分的體驗你肉體的存在及其一切的**歡悅**，是你前所未有的。

然而你對肉體事物的涉入是自願的，並非不得已的。你體驗肉體的感覺，因為你**選擇**如此，而非因為你為了要覺得快樂，或為了要感到有理由悲哀，而不得不如此。

這個單純的改變——尋求並找到內在的和平——若人人實行，就可以終止所有的戰爭，消弭衝突，防止不公，為世界帶來長遠和平。

不需其他方式，也**不可能**有其他方式。世界和平是個人的事！

所需要的不是改變環境，而是改變意識。

當我們肚子餓時，怎麼能找到內在和平呢？當我們口渴時，怎麼心境清涼？寒冷而無處遮蔽風雨時，怎麼可能安靜？當我們所愛的人正要平白死於非命，我們怎能不憤怒？

你說的話非常詩意，但詩意可以當飯吃嗎？**你**這些話對衣索匹亞眼睜睜看著孩子因爲連一片麵包都沒有而餓死的媽媽有用嗎？對中美洲爲了不要軍隊劫掠他的村莊，而被子彈穿胸的人有用嗎？對在布魯克林被一群混混強暴八次的女人有用嗎？對愛爾蘭星期天早上放在教堂的炸彈炸死的一家六口有用嗎？

這些事情聽來確實讓人難過，不過**我**還是要說：一切事物中自有其完美。努力去看出其中的完美。這乃是**我**所說的意識之改變。

不需要任何東西。不欲求任何東西。呈現什麼，就選擇什麼。

去感受你的感覺。哭你的哭，笑你的笑。尊崇你的真情實況，然而當一切情感過去，仍舊靜靜的知道**我**是**神**。

換句話說，在最大的悲劇中，仍看出那歷程的榮光。即使在你被子彈穿胸將死之際，即使在被幫派混混強暴之際。

這話聽起來是那麼不可能做到，但當你移向**神**的意識，你就可以做到。

當然，你並非必須做到，這依你希望如何體驗當下而定。

在巨大的悲劇中，挑戰永遠是自靜其心，走向靈魂的深處。

當你對情勢不能控制時，你會自動如此。

你有沒有跟那開車突然衝往橋下的人說過話？跟那曾面對槍口的人說過話？或跟那差點淹死的人？他們往往會告訴你，時間慢下來了，他們感到一種出奇的安靜，完全沒有恐懼。

「不要怕，因為我與你同在。」這詩句，乃是對那面臨悲劇的人所說的。在你最黑暗的時刻，**我**會是你們的光，在你們最沉鬱的時刻，**我**將是你們的安慰。在你們最艱困的時刻，**我**將是你們的力量。因此，要有信仰！因為**我**是你們的牧者，你們不致匱乏。**我**將要讓你們躺在綠色的草地上，**我**將引導你們到安靜的水邊。

我要維護你們的靈魂，以**我**之名，帶你們走入正途。

即使你們走過死亡陰影之谷，你們也不必害怕邪惡，因為**我**與你們同在。**我的**手杖會安慰你們。

在你們敵人的面前，我為你們預備餐桌。我會用油膏抹你們的頭，你的杯子將是滿的。

當然，在你有生之日，美好與仁慈將會跟隨你，你將住在我的屋中——和我的心中——直至永遠。

12 愛給予一切，而一無所求

這很棒。你說的眞的很棒。我希望全世界都能做到。我希望全世界都能懂，都能信。

這本書可以對此有所幫助。你也對此有所幫助。因此，在提升集體意識上，你扮演了一個角色，提升集體意識是每個人都必須做的。

對。

現在，我們可以換個新的主題嗎？我認爲談談這種態度——這種觀點——是很重要的。而你原先也曾提過，要好好談一談它。

我說的這種態度許多人都有，他們認爲給窮人已經給得夠多了；我們必須停止向富人課稅——事實上，這等於辛勤工作只爲了受到懲罰，以便爲窮人提供更多東西。

這些人認爲，窮人之所以窮，是因爲他們想要窮。許多人根本不想自強，他們寧可喝政府的奶水，也不願爲自己負起責任。

有許多人認爲均富——分享——是社會之惡。他們引證共產主義的宣言——各盡所能，各取所需——來證明：透過所有人的努力來維持所有人的基本人性尊嚴，這種觀念是來自魔鬼。

這些人認爲「人人爲自己」。如果有人說，這種觀念冷酷無情，他們又辯道，機會人人平等。他們說，沒有一個人生而處於不利；他們說，如果**他們能**「做得到」，則**人人都能**——而如果有人做不到，「那是他們自己活該」。

你覺得那是一種傲慢的想法，起源於忘恩負義。

對。但你覺得呢？

我不對這事做審判，它僅是一種想法。對於這種或任何其他想法，只有一個問題是重要的，就是抱持這種想法對你有益嗎？就以**你是誰**和**你想要是誰**而言，那種想法對你有益嗎？

看看這世界。這乃是人類必須自問的。抱持這種想法，對你有益嗎？

這是**我的**觀察：有些人——真的，整群整群的人——**降生到**你們所謂不利的環境。這在客觀的事實上是真的。

在非常高的形而上的層面，沒有一個人是「不利的」——這也是真的。因為每個靈魂為了完成它想要完成的，都為它自己創造了正是它所要的人、事、物。一切都是你們選擇的。你們的父母、你們的出生地、圍繞著你們「再來」的一切環境。

同樣，你們一生所有的歲月，所有的時辰，都不斷在選擇和創造正是你們所需要的人、事、物，以帶給你們所需要的機會，以便讓你們知道你們**真的是誰**。

換句話說，就以**靈魂**所想要完成的而言，沒有一個人是「不利」的。比如，靈魂可能**希望**以一個殘障的身軀來工作，或在一個壓抑的社會、在巨大的政治或經濟壓力下工作，以便製造出它為完成目的所需的環境。

所以，在**物質的**意義上，我們真的看到有些人面對「不利」的條件，但在**形而上**的意義上，這些條件卻正是恰當而完美的條件。

就事實上來論，這對我們又是什麼意義呢？我們應對那些「不利的」人提供幫助嗎？或只是眼睜睜的看著他們去「受完他們的業」。因爲事實上，這不正是他們所想要的嗎？

這是一個非常好也非常重要的問題。

首先要記得，你們所思、所言、所為的一切，都只是你們對自己所做的決定之反映；是**你是誰**的一個聲明；是一項**創造**行動，以決定**你想要是誰**。我反覆的提到這點，因這是你們在此唯一在做的事；也是期望你們要做的唯一一件事。你們的靈魂沒有別的事，沒有別的議程。你們在尋求和體驗，並創造「**你們真正是誰**」。你們每一刻都在創新自己。

現在，在這個架構內，當你遇到一個以你們的世界相對的用詞而言處於不利立場的人，你第一個問題必須是：在此關係中我是誰，我選擇要是誰？

換句話說，當你在任何環境中遇到另一個人時……你所要問的總是：我在此要的是什麼？

你聽到了嗎？你的第一個問題總應是：我在這裡要的是什麼？而非別人在此要的是什麼？

在人與人的關係方面，這是我曾聽過的最微妙的話。這和我受過的任何教誨也都大相逕庭。

我知道。但你們的關係之所以一團糟，正是因為你們總想猜測別人——而非**你自己**——真正要什麼。然後，你們必須決定要不要把他們所要的給他們。而你們的決定則是這樣下的：你們先看看可以從他們那裡要到什麼，如果你們認為不能從他們那裡要到什麼，那麼，原先你們打算給他們東西的理由就消失了，所以，你們就很少給他們。反過來說，如果你們看出可以從他們那裡得到什麼，那麼你們的自我求生心態就會涉入，於是你們就給他們東西。

然後你們就忿忿然——尤其如果那人並未如你們所預期的，給你們所要的東西。

這是一種**「買賣」**。你們維持巧妙的平衡。你供我所需，我供你所需。

然則人與人的關係——包括國家與國家、民族與民族、個人與個人的關係——用意完全不是在此。你們跟任何人、任何處所、任何事務的**神聖關係**，用意均不在釐清他們要什麼或需求什麼，而在釐清**你們**自己為了成長，為了做**你們想要做的人**，在此刻，你們需求什麼或想要什麼。

這乃是何以**我**創造了與其他事物的關係。若不是為了這個，你們可能就繼續活在**真空**、虛空、那永恆的全有（the Eternal Allness）中——而你們本是由此而來。

然則在那全有中，你們僅是存在（are），而不能**體驗到身為任何單一事物的「覺察」**；因為在那全有中，**沒有任何東西是你們所不是的**。

因此，**我**設計出一個方式，讓你們重新創造並知道**在你們的經驗中你們是誰**。

為此**我**提供以下幾點：

1 相對性：在這個系統中，你們可以以跟其他事物有相對關係的事物而存在。

2 遺忘：藉由這個程序，你們甘願全然忘卻，因之你們不能知道相對性只是一個把戲，不知道你們其實本是一切（All of It）。

3 意識：一種存在狀態，你們在其中成長，直至充分覺察（覺醒），然後成為一個真正的、活生生的**神**。隨著你們把意識伸向新的界限——或應說，伸向**無界限**——你們創造並體驗你們自己的真相，擴充並探測此真相，改變並再創造此真相。

在這個範型中，**意識是一切**。

意識——意識到你們所真正覺察的——乃是一切真理的基礎，因之是一切真正精神性（靈性）的基礎。

但這又有什麼意義呢？你先使我們忘記我們是誰，以便讓我們可以記起我們是誰？

不很正確，是以便你們可以創造**你們是誰**和**想要是誰**。

這乃是**神**成為**神**的行為。這乃是**我**成為**我**——藉由**你們**！

這乃是一切生命的意義。

藉由你們，**我體驗我是誰**，**我是什麼**。

若非你們，**我**可以知道，卻不能體驗到。

知道與體驗到，是不同的東西。

我會時時都選擇體驗。

事實上，**我**真的這樣做——藉由**你們**。

我似乎偏離了原來的問題。

好吧，跟**神**說話就是很難鎖定在一個主題上。我是那種滔滔不絕的人。

讓我們看看我們能不能回去。

哦，對了——對那些比較不幸的人該怎麼辦。

首先，確定在跟他們的**關係**中，**你是誰**，**你是什麼**。

其次，若你認定自己是救援、是幫助、是愛、是關懷、是慈悲，就看看你**怎麼樣才能把這些做得最好**。

要注意，這**跟別人是什麼或做什麼無關**。

有時候，你愛別人的最佳方式，你能給予的最大幫助，**是別管他**，是讓他們因自助而增強能力。

這就像一個宴會。生活是一鍋大雜燴，你可以給他們一個**大大的自助餐**。

記住：你能給人最大的幫助就是**喚醒他們**，提醒他們**「他們真正是誰」**。有許多途徑可以這樣做。有時是一點小小的幫助，有時是推一把、拉一把……有時是決定讓他們自行其是，循他們自己的途徑，走他們自己的路，而你不做任何的介入或干預。（所有的父母都懂得這種選擇及其中的苦。）

你為那些比較不幸的人盡心盡力的機會，是提醒（remind）他們對自己有**新的心**（New Mind）。

而你，對他們也必須有新的心，因為如果你視他們為不幸者，**他們就會是**。

耶穌偉大的禮物就在他以每個人真正是誰來看待他們。他拒絕接受表象；他拒絕相信別人自以為是的樣子。他永遠都有更高的想法，他永遠都邀請別人採用這種想法。

然而他會尊重別人所做的選擇。他並不要求別人接受他的更高想法，而僅僅是邀請。

他也慈悲為懷—如果別人選擇自己為需要幫助的生命，則他也不因他們錯誤的評估而拒絕他們，卻任許他們去愛他們的實相—並慈愛的協助他們扮演他們所做的選擇。

因為耶穌知道，對某些人來說，通往**他們是誰**的最快途徑乃是**通過他們不是誰**。

他並不管這種途徑叫不完美的途徑，也不責備。他寧可把此途徑也視為「完美」—因此協助每個人去做他們想要做的人。

因此，任何向耶穌求助的人，都可以得到幫助。

他不否定任何人，總是小心著使他給予的幫助可以支持那人最充分、最誠摯的欲望。

如果有人真誠的尋求開悟，誠摯的表示了已準備向另一層次移轉，他也給他們力量、勇氣與智慧去做。他把自己當作例子—正當如此—鼓勵他人，若他人不能做別的，則信仰他。他說，他不會帶他們迷途。

有許多人真的將自己託付給他—而一直到今天，他仍在幫助那些呼求他的名字的人。因為他的靈魂致力於喚醒那些想要在他之中充分覺醒和充分生活的人。

然而，基督也對那並不如此的人**慈悲為懷**。他因此拒絕自以為是，而也正像他在天上的父一樣，從不做審判。

耶穌完美的愛的觀念是，先告訴人們，他們可以得到什麼樣的幫助，而後給予每一個人他們所要的幫助。

他從不拒絕幫助任何人，更不會帶著這樣的想法去拒絕：「這是你自找的。你鋪的床，你自己去睡吧！」

耶穌知道，如果他給人人所要求的幫助，而非僅是他想要給他們的幫助，則他是**在他們預備好要接受增強能力的層次**為他們增強能力。

這乃是一切大師之路。在過去，在現在，走在你們星球上的大師們都是如此。

我有點搞迷糊了。什麼時候的幫助又會**消滅能力**呢？什麼時候它不但不能有助於人的成長，反而有害於人的成長呢？

當你的幫助造成持續的依賴，而非迅速的獨立時。

當你以慈悲之名讓別人開始依靠你，而非依靠他們自己時。

這不是慈悲，而是渴求。你有一種權力（能力）渴求症。因為這樣的幫助實際上是能力的牽絆。這種分別是很微妙的，有時候你甚至不知道你是在牽絆對方的能力，你真的以為你在盡己所能幫助對方……然而，你必須小心，不要變成僅僅想使自己有價值。因為，你以什麼程度讓別人依靠你，就是在以此程度使自己有權。而當然，這會使你感到自己有價值。

然而這樣的幫助卻是引誘弱者的一種春藥。

目的是幫助弱者變強，而非讓他們更弱。

這是政府的許多貼補計畫的大問題，因為這些計畫做的是後者，而非前者。政府的計畫可以只是為了自保，政府的目標可以分分毫毫都在證明政府存在的必要——以幫助別人。

若政府的協助有個限度，則人民真正需要幫助的時候就可得到幫助，卻不至於耽溺在接受幫助中，而以之替代自立更生。

政府知道幫助就是掌權，這就是政府為什麼盡可能去幫助更多的人——即使他們不需要幫助——因為政府幫助的人越多，就有越多的人幫助政府。

凡政府所支持的人，便支持政府。

那麼，財富的重新分配（均富）就不應當了。共產主義宣言是魔鬼宣言。

當然沒有魔鬼。但我知道你的意思。

「各盡所能，各取所需。」這話背後的觀念不是邪惡的，而是美麗的。這只是「你是你兄弟的看守者」的另一種說法。這美麗的觀念之變為醜惡，是由於執行的方式使然。

分享，必須是一種生活方式，而非由政府所施加的癮藥。分享應當自願，而非強迫。

但是，我又來了！以最好的情況而言，政府就是人民，而其計畫只是讓人民跟許多其他的人分享，使它成為一種「生活方式」。我要說，人民透過他們的政治制度來選擇這樣做，因爲人民看到了——歷史也顯示了——那些「有」的人不肯跟那些「沒有」的人分享。

俄羅斯農民等到地獄凍結了，也等不到貴族把財富分給他們——而貴族的財富通常卻是由農民艱苦的工作而來。農民所得到的只是勉強維生的東西，「誘使」他們繼續在土地上賣命，而讓貴族更富有。還說什麼**依存關係**！這是一種「只有你幫助我，我才幫助你」的安排，比政府所發明過的任何東西都更剝削、都更污穢！

俄羅斯農民所反抗的就是這種污穢。人民不相信那「有」的會自動自發給予那「沒有」的，而一個新的政府就是由人民的此種挫折而產生，這政府保證所有人都得到同等待遇。

當瑪麗．安東妮（Marie Antoinette）懶洋洋的躺在她寶石底座的鑲金浴盆中時，窗下的饑民衣著襤褸、喧騰喊叫，瑪麗卻慢嚼著葡萄說：「讓他們吃蛋糕去！」

這乃是使被踐踏者起而反抗的態度。這乃是造成革命的原因，這乃是製造出那所謂的反對黨政府的原因。

那取自富人而給予窮人的政府，稱之爲反對黨政府；那任富人**剝削**窮人而袖手旁觀的政府，稱之爲鎭壓的（repressive）政府。

去問問今天的墨西哥農民。據說，整個墨西哥是由二十或三十個家族——那些有錢有勢的精英分子——在**經營**（主要是因爲這些人**擁有**墨西哥），而兩千萬或三千萬人民卻生活在赤貧中。所以，一九九三年至九四年，農民發起了叛變，想要迫使精英分子政府承認幫助人民的義務，提供維持生活最低尊嚴的需求。精英分子政府和「民有、民治、民享」的政府是截然不同的。

人民政府豈不是由憤怒的人民締造出來？因爲他們已經對人性感到絕望！政府的計畫豈不就是替那些不肯自願提供補救的人提供補救？

這豈不是居住法、兒童勞動法的肇因？豈不是支援需養育孩子的母親的計畫之肇因？社會保險豈不是政府爲年長者提供的支援，以便那些家人不能或不願扶養的人能得一些供應？

若沒有政府的管制，則我們就不會願意去做那些不必去做的事；而我們又厭惡政府的管制。這兩者如何協調呢？

據說，在政府強制要求那些骯髒的有錢礦主，清理他們骯髒的礦坑之前，煤礦工人是在可怕的環境之下工作的。爲什麼業主不主動做呢？因爲那會減少他們的利潤！而只要能維持利潤盈餘和成長，他們根本不在乎有多少人**死**在那不安全的礦坑中。

在政府尚未公布最低工資標準以前，業主給生手工人的薪資是「**奴隸**」薪資。那些想要重返「古老的黃金時代」的人說：「那又怎麼樣？畢竟他們提供了**工作機會**，不是嗎？而冒著危險的又是誰呢？工人嗎？不是！**是投資者**，**是業主**冒著所有的危險！所以，最大的利潤當然應該歸他所有！」

業主是靠勞工來賺錢，但是，凡是認爲勞工應受到人性尊嚴待遇的，都被稱之爲**共產黨**！

凡是有人認爲不應因膚色而被否定其居住權的，就被人認爲是**社會主義者**。

凡是有人認爲女人不應因爲她生錯了性別，而被剝奪工作機會或升遷機會的，就被稱爲**激進女性主義者**。而當政府透過人民選出的代表，想要去解決那些有權有勢的人堅持拒絕自己解決的問題時，這政府就被稱作反對黨政府！（不是此種政府所幫助的那些人這樣說，而是那些拒絕主動提供幫助的人。）

沒有任何例子比健康照顧更爲明顯的。一九九二年，一位美國總統及其夫人認爲上千萬的人不能得到預防性的健康照顧是說不過去的；而這個想法引起了一場健康照顧方面的大辯論，甚至把醫藥業和保險業人士也拉進了裡面。

但眞正的問題不在哪一方面的解決之道比較好，不在政府的計畫比較好，還是在私人企業的計畫比較好。眞正的問題是：**為什麼私人企業不早提出它們自己的解決辦法來**？

我可以告訴你爲什麼。因爲它們**沒有必要**做。沒人抱怨，沒人申訴。而企業是被利潤所驅使的。

利潤、利潤、**利潤**。

所以，我的論點是：我們要什麼，就吼、就叫、就抱怨、就申訴。明擺著的眞理是：當私人企業不提供解決時，政府會提供。

我們也可以說，政府違背人民的願望而行，但只要人民能控制政府——像美國就大致上做到了——政府就會繼續爲社會弊病提供解決之道，因爲**大多數人**並不有權有勢，而因之可以**立法來讓社會給予不願自動給予的事物**。

只有那大多數人未能控制的政府，才對不公平現象不予理會或只做少量解決。

所以，問題是：什麼樣的政府是管得過多的政府？什麼樣的政府是管得太少的政府？我們又如何、在何處取得平衡？

哦！**我**還從來沒有看過你這般大發議論呢！從我們第一本書開始到現在，還沒有過。

好吧，**你**不是說我們要談談人類面對的全球性大問題嗎？我提出的就是一個大的問題。

當然，一個很好的大問題。從湯恩比到傑佛遜到馬克思，幾百年來無不在企圖解決它。

好吧，那**你的**解決辦法又是什麼呢？

我們又得退回去說，又得繞一下圈子。

好吧。也許我需要再聽一聽。

那麼，**我**要先說**我**沒有「解決辦法」。這也是因為**我**不認為這是問題。它只是它本身那個樣子，而**我**無所偏好。**我**在這裡只是描述**我**所觀察到的；人人可以明顯看到的。

好吧。**你**沒有解決辦法，**你**也沒有偏好。那麼，**你**可以說說**你的**觀察嗎？

我的觀察是，這個世界尚未能提出一套可以完全解決問題的政府體制——儘管美國的政府已經算是最為接近的。

重點在，公正與善是道德議題，而非政治議題。

政府是人類想要推行善與確保公正的企圖。然則善只能由一個地方誕生，就是人心（heart）。只有一個地方可以蘊含公正的概念，就是頭腦（mind）。只有一個地方可以真正的體驗愛，那就是人的靈魂。因為人的靈魂是愛。

現在我們是在繞圈子，因為這些都已說過。不過，這些討論是好的，所以，我們就說下去。即使反覆了兩三遍，也沒關係。我們現在要做的，是打破砂鍋問到底，看看你們現在要怎麼樣創造它。

好啊，那我就問一個已經問過了的問題。我們所有的法律豈不是都有想要把道德概念法制化的意圖嗎？我們的「立法」行爲，不正是對什麼是「對」、什麼是「錯」的協議嗎？

對。在你們的原始社會中，某些民法——就是規約與規定——是有所需要的。（你知道，在那些並非原始的社會中，這類的法規是不需要的。所有的生命都自我規範。）在你們的社會中，你們仍舊面臨著一些最初級的問題。在街角先停再走嗎？買與賣是否要依某些規定？彼此之間的行為是否要有一些限制？

可是，如果每個地方的每個人都遵從**愛的法則**，即使連那些基本法——禁止殺人、傷害、欺騙，或甚至連闖紅燈——都不應需要，也不會需要。

愛的法則即是神的法則。

所需要的是意識的成長，而非政府的成長。

你是說，我們只要遵守十誡就夠了？

沒有十誡這個東西。（第一部曾對此做過完整的討論。）**神的法則是無法則**。這是你們所無法了解的。沒有任何要求。

許多人都不會相信你最後這句話。

那就請他們讀第一部，那本書把這句話做了完整的解釋。

這就是你對這個世界的建議嗎？完全的無政府主義？

我什麼也沒建議，**我**只提供什麼事能行得通，**我**告訴你們觀察得到的情況。不，**我**觀察得到的情況不認為無政府——就是沒有任何規範、任何法律制度——可以行得通。這樣的安排只有在進化了的生物中才行得通，而就**我的**觀察，人類並不是。

在你們進化到**自然的去做自然正確的事以前**，某種層次的政府是必要的。在此之前，你們設置政府治理自己乃是明智之舉。你前面所說的一段話是無可厚非的。人類在可以自行其是時，往往不會去做「對」的事。

真正的問題不是政府為什麼要對人民施加那麼多規矩，而是為什麼必須如此？

答案在於你們的分別意識。

就是我們把自己看得各自有分。

對。

但若我們不是分別的，那我們**就是**一個。而這是否意謂我們互相有責任？

對。

但這不是削弱我們達成個人的偉大時的能力了嗎？設若我對人人都有責任，則共產主義宣言就是對的！「各盡所能，各取所需。」

我已說過，這是一個高貴的觀念。但無情的強制執行剝奪了它的高貴性。這乃是共產主義的難題。並非觀念有錯，而是實行。

有人說這概念必須強制執行，因爲這概念違背人的基本天性。

你說中要點。需要改變的是人的基本天性。這乃是必須著手的地方。

促成**你**所說的意識之轉移。

對。

但我們又在兜圈子了。群體意識不會使個人的能力減弱嗎？

讓我們看看。若這個星球上每個人都得以滿足其基本需求——如果大眾都能過著有尊嚴的生活，擺脫僅為求生而做的掙扎——則這不會為全人類打開從事更高的追求之路嗎？

若人人的生存可以獲得保證，個體的偉大性真會被壓抑嗎？

為了個體的榮光，必得犧牲眾人的尊嚴嗎？

當人的榮光必須以他人為代價時，那又是什麼榮光呢？

在你的星球上，**我**放置了足供所有人之需的資源。怎麼可能會每年有上萬的人餓死？成千的人無家可歸？上百萬的人缺乏尊嚴的生活？

為了結束這種狀況而給予的幫助，不是那種削減人之能力的幫助。

若你們那些好過的人，為了不要削弱那些飢餓者和無家可歸者的能力，而不幫助他們，則你們那些好過者是偽善者。當別人垂死的時候，那些好過的人沒有一個是「好過」的。

一個社會進化到什麼程度，是以其如何對待其最小的成員來衡量的。如**我**已經說過的，挑戰在於去尋得幫助人而又不傷害人之平衡點。

你有什麼大方針嗎？

整體的大方針是：當有人產生疑問時，問題總是產生在慈悲之心的有無與大小。

可以用如下的方式來測驗你是在幫助人還是在傷害人：你幫助人的結果，被幫助的人是長大了還是縮小了？是更有能力了還是更沒能力了？

有人說，如果你什麼東西都給人，他們就不怎麼願意自己努力去賺取。

為什麼他們必須為最簡單的尊嚴努力賺取？那還不夠所有的人用嗎？為什麼還要「努力去賺取」呢？

難道人性尊嚴不是每個人的生身權利嗎？**不應當是嗎**？

除了最低的生活所需以外，如果還想尋求更多——更多的食物、更大的住處、更精美的衣裝——則人可以想辦法去達成這些目標。但人應為了活下去而奮鬥嗎？在一個有足夠的東西可以供養每個人的星球上？

這就是人類面對的核心問題。

挑戰不在使人人平等，而在給每個人基本尊嚴生活的最起碼保障，以便人人可以有機會去選擇什麼是他們更想要的。

有些人會說，某些人你即使給他們機會，他們也不會利用。

這觀察是對的。這產生了另一個問題：對那些不利用這些機會的人，你們曾再給他們一次機會嗎？

沒有。

如果我採取這種態度，你們老早就統統永淪地獄了。

我告訴你們：在**神的世界**中，慈悲是沒有止境的，愛是永不停息的，忍耐是永不枯竭的。只有在人的世界中，善才是有限的。

在我的世界中，善是無盡的。

即使我們不值得。

你們**永遠**值得！

即使我們把你的善丟回**你的**臉上？

特別是你們這樣的時候。（「如果有人打你的右臉，你就把左臉也讓他打。如果有人要你陪他走一里路，你就陪他走兩里。」）當你們把**我的**善丟回到**我的**臉上（順便說一聲，人類對**神**已經這樣做了上千年），我明白你們只是誤會。你們並不知道什麼符合你們的最佳利益。**我**之所以慈悲，是因為你們的誤會並非出於惡意，而只是無知。

但有些人**根本是**邪惡的。有些人天生就壞。

誰告訴你的？

這是我自己的觀察。

那麼你就是看不清楚。**我**曾對你說過：就以人的世界模式而言，沒有一個人做過任何邪惡之事。

用另一個方式說，所有的人在做事的當下，都在盡力做得好。

任何人的任何行動都依當時在手上的資料而行。

我曾說過——意識是一切。你所覺察的是什麼？你所知道的是什麼？

但是，當別人爲了他們自己的目的而攻擊我們，傷害我們，甚至屠殺我們時，他們不是在做邪惡的事嗎？

我曾經告訴過你：**所有的攻擊都是在求救**。

沒有人真正想要傷害別人。那些傷害別人的人——順便說一句，包括你們的政府——也是由於錯置的觀念，以為那是他們獲取某種東西的唯一途徑。

我在本書已經提出過**更高的解決法：不要要求任何東西**。可以有喜好，**但不要有需求**。

但這卻是一種非常高的生存狀態；那是大師們的境地。

就全球政治而言，為什麼不共同去締造一個世界，去滿足每個人最基本的需求呢？

我們正在做——試著做。

在人類史已經走過幾千幾萬年後，你們能說的只是這樣嗎？

事實是，你們幾乎完全沒有進化，你們仍舊在那「人人為己」的心態中打滾。

你們剝削地球，劫掠她的資源，剝削人民，有系統的剝奪那些不同意你們這些行為的人的權利，稱他們為「激進派」。

你們做這些事，全出於自私，因為你們發展出一種**用別的辦法無法維持的生活方式**。

你們必須年年砍伐千萬英畝的樹林，不然就沒報紙可看。你們必須破壞許多英里的臭氧層，不然就沒有髮膠。你們必須把河川污染到不可恢復的地步，不然你們就不能讓你們的工商業更大、更好、更多。你們必須剝削你們之中最弱小的人——生活條件最差、受教育最少、最沒有覺察力的——不然你們就無法過著曠古未聞的——也沒必要的——頂尖奢侈生活。而且，你們必須否認自己在做這種事情，否則你們就無法與自己相處。

你們無法在心中找到「單純生活，以便他人可活」。這句汽車保險桿貼紙的智慧，對你們來說是太單純了。它對你們要求得太多，要你們給予得太多。畢竟，你們工作得那麼辛苦，才得到你們所得到的東西。**你們什麼也不能放棄**！而如果其他的人類——還不用說你們自己孩子的孩子——必須為此受苦，去他的，誰管他，是不？你們自己為了生存必須去做的，別人也可以做！是不？畢竟，人人為自己，是不？

有沒有任何途徑可以脫出這一團糟？

有。**我**還要再說一遍嗎？**意識轉移**。

你無法透過政府的行動或政治方法來解決摧殘人類的問題。你們已經這樣試好幾千年了。

這個改變必須、也只有在人心中才能做到。

你能把這個改變用一句話說出來嗎？

我已經這樣說過好幾次了。

你們必須不再把神視為與你們有所分別，不再把你們各自視為有所分別。

唯一的解決之途就是那最終的真相：宇宙中沒有任何東西是跟任何東西分別的。一切事物都跟一切生命相連、相依、互動、交織，而這種情況又是內具的、不可改變的。

一切的政府，一切的政策，都必須以此真相為基礎。所有的法律規章都必須以此為根本。

這乃是你們人類的未來希望，是你們星球的唯一希望。

你在本書第一部所說的愛的法則，又怎麼說呢？

愛給予一切，而一無所求。

我們怎麼可能一無所求？

如果你們人類每個人都給予一切，你們怎麼會有所求呢？你們之所以求任何東西，是因為有人不給。不要再不給了！

除非我們每個人都同時這樣做，否則這個辦法是不易生效的。

沒錯。你們現在所需要的是一種全球意識。

然而，全球意識怎麼產生呢？必得有**某個人**開始。

這是你的機會。

你可以是這**新意識**的源頭。

你可以是那靈感之源。

事實上，你**必須是**。

我必須？

不然要誰？

13 如果不能成為禮物，就不要進入那人的生活中

我怎麼開始？

做世界的光，不傷害世界。只尋求建設，不求破壞。

帶領**我的**民眾回家。

怎麼做？

以你光輝的榜樣。只尋求**神性**。只說真話。只以愛來行事。

現在就實行**愛的法則**，並永遠實行。給予一切，一無所求。

避免流俗。

不要接受那不可接受的。

去教導所有那些想要認知**我**的人。

使你生命的每一刻都是愛的流溢。

將你的每一刻都用以思想最高的意念，說最高的言詞，行最高的行為。在其中，榮耀你**神聖的本我**，因之也榮耀了**我**。

為你所觸及的一切生靈帶來和平，以此為地球帶來和平。

以身為和平。

時時刻刻去感受和表達你跟那**一切的神聖連結**，跟每一人、每一物、每一處的神聖連結。

擁抱每一個環境，承擔每一種錯誤，分享每一份歡樂，沉思每一種神秘，站在每一個人的立場，原諒每一次冒犯（包括你自己的），治療每一顆心，尊重每一個人的真理（真情實況），尊崇每一個人的**神**，保障每一個人的權利，保持每個人的尊嚴，提升每個人的利益，供應每個人的需求，認知每個人的**神性**，給予每個人最大的禮物，締造每個人的福祉，在神確實的愛中宣示每個人的未來安全。

為存在於你內在的**最高真理**做活生生的、會呼吸的榜樣。

在談到自己時要謙虛，免得有人誤會你的**最高真理**為吹嘘。

說話要溫和，免得有人以為你只是要引人注意。

說話要敦厚，使所有的人都認識到愛。

公開的說，免得有人認為你有所隱藏。

要明白的說，以便不致有人誤解。

要常常說，以便你的言詞真正傳出去。

要帶著敬意說，使任何人都不受到屈辱。

要以愛心說，以便每一字句都被人聽到。

用每一個音訴說**我**。

使你的生命成為禮物。要永遠記得，你是那禮物！

成為每個進入你生活的人的禮物，成為每個你進入其生活的人的禮物。要小心，如果你不能成為禮物，就不要進入那人的生活中！

（你可以永遠是禮物，因為你永遠都是禮物——只是，有時候你不讓自己知道這點。）

當有人出乎意料的進入你的生活中，**要找尋那人來此所要接受的禮物**。

這是多麼特殊的說法啊！

難道你認為一個人到你這裡來是為別的嗎？

我告訴你：每一個到你這裡來的人，都是為了接受你的禮物。而在這樣做的時候，他也把禮物給你——讓你體驗和實現你是誰的禮物。

當你明白了這個單純的真理，當你懂得了它，你就明白了一切真理中的最大真理：

我送給你們的，

沒有別的——

只有天使。

14 永遠不要提供削弱他人能力的幫助

我有點搞混了。我們可不可以再回頭一下？有些資料似乎有點矛盾。我記得你說，有時候我們能給人的最佳幫助是不要管他。然後，我覺得你似乎又是在說，如果你看到有人需要幫助，永遠不要不幫助他。這兩種說法似乎有衝突。

讓**我**把你的想法釐清一下。

永遠不要提供讓人削弱能力的幫助。永遠不要堅持提供你認為對方需要的幫助。讓那有需要的人知道你有什麼是可以給予他的——然後聆聽什麼是他們要的，要弄清楚什麼是他們準備要接受的。

提供對方想要的幫助。對方往往會說，或會用行為表明：他們所要的只是不要有人管他。不論你認為你想要給的是什麼，在此情況下，不去管他們，都是你所能提供的**最高禮物**。

若此後某時，有另外某種東西是對方想要或欲求的，你會注意到是否應由你給予。若是，就給。

然而不要給予任何削弱對方能力的東西。凡是削弱能力的，就是助長或製造依賴者。

事實上，總是有某種辦法，讓你能以加強對方能力的方式幫助對方的。

對那真正尋求你幫助的人，**忽視**其苦難不是辦法，因為做得太少和做得太多，都會削弱對方的能力。身為更高層的意識，你不會有意的去忽視兄弟姊妹的真實苦難，說任他們「自作自受」乃是你能給他們的最佳禮物。這種態度是最深重的自是與傲慢。它只是讓你為自己的不聞不問找藉口而已。

我要再度向你們推介耶穌的身教與言教。

因為耶穌告訴過你們，**我**將對那些在**我**右邊的人說，來，你們這些我祝福的孩子，來繼承我為你準備的國度。

因為**我**餓了，你們給**我**吃；**我**渴了，你們給**我**喝；**我**無家可歸，你們為**我**找到住所。

我赤裸，你們給**我**衣服穿；我病了，你們來看望**我**；**我**在監獄，你們為**我**帶來安慰。

而他們將對**我**說：主啊！**你**何時餓了我們給**你**吃呢？或渴了我們給你喝呢？什麼時候**你**無家可歸，我們為**你**找到住處？或赤裸，我們為**你**穿衣服？什麼時候我們看到**你**病了，或在監獄，而安慰你呢？

我將回答道：

真的，真的，我對你們說——由於你們對我的兄弟中最小的這樣做，你們就是對我做了。

這是**我的**真理，永遠為真。

15 我愛你，你知道嗎？

我愛**你**，**你**知道嗎？

我知道。**我**也愛你。

16 社會大革命——收支透明化

由於我們討論的是全球性的問題，並回顧本書第一部中所談過的個人生活問題，我想問問**你**關於環境的事。

你想知道的是什麼？

環境眞如某些環保分子所說正在被破壞，還是這些人只不過是紅了眼睛的激進分子，自由偏左共產黨，統統是柏克萊出身的嗑藥族？

兩者都對。

什——麼？

開開玩笑而已。答案是前者，不是後者。

臭氧層眞的破洞？雨林眞的被大量砍伐？

對，但還不只這些顯而易見的事，你們還該關懷那些不這麼明顯的事。

請說清楚一些。

好吧。比如，你們星球上的土壤正在迅速減少。你們正在流失用以培育食物的良土。這是因為土壤需要時間復原，而你們的農夫沒有時間。他們要土地生產、生產再生產。

所以，那古老的輪耕法就被放棄了，或縮短了。為了趕時間，大量化學肥料投到土壤中。但在這方面和你們在所有其他的事情上一樣，你們不可能發展出取代大自然母親的人造物，不可能供給她所能供給的。

結果是，你們喪失了富於養分的表土，有些地方只剩下幾吋。換句話説，你們在越來越貧瘠的土地上生產得越來越多。沒有鐵質，沒有礦物質，沒有你們依賴土地所供給你們的物質。

最糟的是，你們吃的食物裡充斥了因意圖要土地及早復原而施加的化學品。短時間內固然不易看出對身體的傷害，長期下來，你們卻終將可悲的發現這些化學成分留在體內，無益健康。

因為快速翻土而造成的耕地土壤流失問題，不是你們大多數人可以覺察到的，也不是你們那想找時髦議題的雅痞環保分子的妄想。問問你們的土壤學家，你們就會知道很多。這個問題十分嚴重，而且舉世皆然。

而這只是你們傷害一切生命的給予者母親大地的例子之一，原因是你們完全不顧她的需要和自然的秩序。

你們對你們的星球極少關懷，唯一的欲求就是滿足你們自己的激情，滿足你們當前的需要（而大部分又是病態痴肥的），解決你們無止境的更大、更好、更多的渴求。但是，做為一個物種，你們大可以問問，什麼樣的足夠才是足夠？

爲什麼我們不肯聽環保人士的話？爲什麼我們不顧他們的警告？

在這方面，就像你們星球上所有其他真正重要的事情一樣，有一種模式是顯而易見的。你們在世界上發明了一句成語，把這個問題回答得道道地地，那就是「唯利是圖」。

當我們搏鬥的對象是這般巨大而陰險時，我們如何能抱持可以解決問題的希望呢？

簡單。取消金錢。

取消金錢？

對。或者，至少取消它的隱藏性。

我不懂。

大部分人把他們引以為恥的，或不想讓人知道的事加以隱藏。這乃是何以你們那麼多人隱藏你們的性，何以幾乎所有的人都隱藏你們的錢。這是說，你們在這些方面不公開。你們認為自己的錢是私事。問題就出在這裡。

如果**人人**都知道**人人**的財務狀況，則你們的國家和世界將產生前所未有的大變革。然後，在你們的人類行為中，就會有公平、公正、誠實和真正的公利。

現在之所以在市場上不可能有公平、公正、誠實或公利，是因為金錢太容易隱藏。你們可以取了錢，又把它藏起來。聰明的會計師也可以有種種辦法把公司的錢「藏」起來，或讓它「消失」。

由於錢可以藏起來，任何人想要知道任何別人的錢究竟有多少或怎麼用，就無計可施。這使得許多的不公平得以存在和進行——即使我們不說它是雙面手法。比如，同一個公司付給相同工作的兩個人很不相同的待遇。一個人一年五萬七千美元，另一個人卻只有四萬二千美元。這兩個人做的事完全相同，功能一樣，卻只因為前者比後者多了一樣東西。

什麼東西？

陽具。

哦！

沒錯。嗯，陽具。

可是，**你**不懂。有陽具的比沒陽具的有價值。比較靈敏，比較聰明，顯然囉，也比較能幹。

哼——**我**不記得造你們的時候造成這樣。**我**是說，能力上有那麼不一樣。

眞的，**你**眞的造了。**你**竟然不知道，我很吃驚。這個星球上人人都知道。

我們最好別扯了，免得別人以為我們當真。

你是說，**你**不當眞?可是，**我們**當眞啊!這個星球上的人當眞!這乃是爲什麼女人不能當天主教和摩門教的教士、不能在耶路撒冷的哭牆站錯邊、不能爬到全球五百大企業的頂級主管、不能當客機駕駛員、不能……

好了。我們回到主題。**我的**意思是：如果金錢的來往不隱藏，而是透明化，則差別待遇就會困難得多。如果所有的公司都被迫公布它們給所有員工的薪餉，那全球所有的工作場所會怎麼樣呢？不是某一類的工作有某一類的薪俸，而是**每個人實際上得到多少報酬**。

嗯，那「使人相爭，從中取利」的事，就會直接被丟到窗外。

對。

「他不知道的事不會傷害他」也丟。

對。

「嗯，如果我們能少給她三分之一就能雇到她，何必多給」也丟。

對，對。

拍馬屁，卑躬屈膝，搶跑道和公司策略等等，也一律丟到窗外。

還有很多很多事情會從工作場所消失，會從世界上消失。而使其消失的方法，只是把金錢的來龍去脈透明化。

想想看。如果你們確確實實知道每個人有多少錢，每個公司、每個董事真正賺了多少錢，每個個人、每個公司又如何使用金錢，你認為世界上的事情會有所改變嗎？

想想看。你認為世界上的事要怎麼樣才能改變？

明擺著的是，如果大家都知道世界上的事在怎麼進行，則有百分之九十的事是他們不可能忍受的。如果世界上所有的人立刻都知道財富是如何過分的不平均分配、如何獲得，又如何用以獲取更多的錢，則這個社會不可能允許這些情況的存在。

沒有任何方式比把金錢放在公眾審視之下更能助長得當的行為。這乃是何以你們所謂的「陽光法案」那麼有助於釐清你們的政治與政府爛污。公聽會與公共說明會大大有助於消除二〇、三〇、四〇和五〇年代你們在市政府、學校董事會和政治管轄區及中央政府的黑箱作業。

現在已是時候，把「陽光」帶到你們星球上產品與服務業的報酬上。

你的建議是什麼？

這不是建議，而是激將。我量你們不敢丟掉你們所有的錢——所有的紙幣、硬幣、各國的貨幣，重新開始。研發一種國際金融制度，使它完全公開，完全透明，立刻可以追蹤，完全可以計算。設立一種全球報酬系統，使人民可以因他們提供的服務與產品而得到匯入（Credits），因得到的服務與產品而匯出（Debits）。

一切事物都記在這匯入和匯出的帳上。投資的收入、遺產繼承、賭博的贏輸、薪俸、小費和退休金統統記在帳上。沒有其他可用的貨幣。而每個人的紀錄都可以對任何人公開。

曾有人說過，告訴我那人的銀行帳目，我就可以告訴你他是什麼樣的人。全球報酬系統就接近這個說法。對於人，大家會比現在知道的多得多。但你們不僅是互相知道的多得多，而且對樣樣事情也都知道的多得多。對各公司付出的款項、所花的錢，以及它們每項產品的成本和售價也知道得更多。（各公司在各種產品的標價牌上如果寫上兩種價格——一是成本，一是售價——你能想像它們會怎麼樣嗎？這會不會把售價拉低或什麼的？會不會增加競爭？加速公平交易？這樣一種設施的後果，你簡直難以想像。）

在這種新的全球報酬系統之下，匯入和匯出都將是立即而全然透明的。也就是說，任何人都可以在任何時候去核查任何人或任何機構與組織的帳目，沒有什麼東西是秘密的，沒有什麼東西是「私密」的。

全球報酬系統會從自願扣除的人士那裡每年扣除其百分之十的收入。這系統中將沒有所得稅，不需填表，不需計算扣除額，無需「逃」稅，無需做假帳。由於所有的紀錄都是公開的，人人都可以看到誰為了公共福利而提供十分之一的收入，誰沒有。這些自願額就用來維持政府所有的計畫與服務——而政府當然是由人民選出的。

這整個系統都將是非常簡單、非常透明的。

這世界將不會允許這樣一種東西存在。

當然不會。而你知道為什麼嗎？因為這樣的系統會使任何人**都不可能去做他們不想讓別人知道的事**。可是究竟又為什麼要做這種事呢？**我**告訴你為什麼。因為目前你們的社會系統，是建立在「占便宜」「投機」和「適者生存」的觀念上。

當你們社會的主要目標是**所有人**的生存，是**所有人**的平等利益，是為**所有人**提供美好的生活（所有真正啓蒙的社會都是這樣），則你們就不再需要偷偷摸摸私下要花招，也不再需要可以隱藏的錢。

你能不能明白，這樣一種系統如果實行，你們許多老式的腐敗——還不說小型的不公不義——都會消失？

此處的秘密，此處的關鍵，在於**透明**。

哦，好個想法！在我們的金融事務上絕對透明！我一直想找個理由說它爲什麼「不好」，說它爲什麼「不行」，卻找不出來。

你當然找不出來，**因為你沒有東西可藏**。但你能不能想像世界上那些有錢有勢的人會怎麼想，怎麼叫喊？他們的每一舉、每一動、每一買、每一賣、公司的每一定價、每一薪水談判、任何方面的每一個決定，都只要看看他們的帳目，任何人就可一目了然，他們會怎麼樣？

我告訴你：**沒有**任何方式比透明化能夠更有效的導致公平。

透明化只是**真相**的另一用詞。

認識真相，真相會讓你自由。

政府、公司、有權有勢的人知道這一點。這乃是為什麼他們絕不允許他們所設計的任何政治的、社會的或經濟的體系以真相為基礎。

在已啓蒙的社會中，沒有秘密的存在。每個人都知道每個人有什麼，賺多少，在薪俸、稅捐和公益上付出多少，每個公司索價多少，買多少，賣多少，利潤多少，什麼樣的利潤——總之，**一切**。

你知道為什麼在啓蒙的社會中可以做得到？因為，在啓蒙的社會中，**沒有一個人願意以別人為代價而得到或擁有任何東西**。

這眞是一種激進的生活方式。

在原始社會中顯得激進，沒錯。在啓蒙的社會中，卻似乎顯然是適中的。

這個「透明化」的概念讓我覺得很有意思。有可能把它擴充到金融事務以外去嗎？可以把它視爲我們人與人的關係之座右銘嗎？

倒希望如此。

不過還不是。

沒錯。還不是。在你們的星球上，還不是。大部分人仍舊有許多東西需要隱藏。

爲什麼？是爲了什麼？

在人與人的關係上——其實，是所有的關係上——是為了怕有所失。是怕損失或不能得到。然而，最好的人際關係——當然，包括最好的浪漫關係——是每個人都知道每樣事情。在這樣的關係中，透明化不僅是座右銘，而是唯一的言語。這樣的關係中，沒有秘密存在；沒有東西是隱藏的、掩飾的、遮蓋的、粉飾的；沒有東西是不托出、不說出的。其中沒有猜疑，沒有把戲，沒有捉迷藏，沒有避重就輕，沒有虛情假意，沒有言不由衷。

但是如果人人都知道我們心裡所想的一切——

停。這不是說沒有內心的秘密，沒有個人心理的活動空間。**我**所說的不是此意。**我**所說的只是在你與人交往時要坦誠，只是當你在說話時要說真話，當你知道該說時，就不掩藏真相。這只是不再像你們人類的許多溝通中那樣扯謊、掩飾，用語言或意念的操縱把真相弄成一百零一種假象。這只是乾乾淨淨，是什麼說什麼，有話直說。這只是保證人人可以獲得他對某件事所需要的資料與所知的事項。這只是公正與公開……總之，這只是透明。

然而，這並不是說每個念頭，每種私下的恐懼，每一個黑暗的回憶，每一種飄忽的判斷、意見或反應，都必須搬到檯面上來檢查和討論。那不是透明，那是瘋狂。

我們這裡所說的是單純、直接、公開、誠實和完全的溝通。然而即使如此，也是一種駭人聽聞的觀念，賞錢者少。

你可以再說一遍嗎？

駭人聽聞，賞錢甚少。

你應當去參加輕歌舞劇團。

你在開玩笑？**我**真的待過。

可是，說眞的，這是一個了不起的觀念。想想看，整個社會建立在透明原則上。但**你**確定它會生效嗎？

我告訴你。世界上一半的毛病明天就會煙消雲散。世界上一半的煩惱、一半的衝突、一半的憤怒、一半的挫折……

哦，沒錯，一開始會有憤怒和挫折──因為大家終於發現一般人是如何被玩弄，被當作用完即丟的貨物來利用，被操縱、欺騙──這時，會十分受挫與憤怒。但是，在六十天之內，「透明化」就會把這些反應大部分清洗、沖走。

讓**我**再度邀請你們。請考慮考慮。

你們認為你們可以過這樣的生活嗎？不再有秘密？絕對透明？

如果不行，為什麼不行？

你不讓別人知道的究竟是什麼？

你對某人說的話有哪些不是真的？

你不對某人說的話有哪些是真的？

為了省事和政治策略而形成的謊騙，真的把世界帶到你們想要去的地方嗎？藉由沉默或秘密行事而對市場、對某一情勢，或對某個個人的操縱，真的對我們有益嗎？「秘密行事」真的會使我們的政府、公司和個人生活順暢嗎？

如果每個人都可以看到每樣事情，又會怎樣呢？

有一件事是頗具諷刺性的。你們沒有看出，你們跟神第一次相遇時，怕的是什麼嗎？你們不明白你們所怕的是戲已演完、虛招已過、舞技已窮，久來的矇騙，不論大小都已走入死胡同？

好消息是你們根本無需懼怕。沒有人要審判你們，沒有人要說你們「錯」，沒有人要把你們丟入永恆的地獄之火。

（對羅馬天主教徒而言，你們甚至連煉獄也不用去。）

（對摩門教徒而言，你們無需永遠被困在最低層的天國，而無法升至「最高天國」，也不會被標名為毀滅之子，而永遠被貶入暗無人知的界域。）

（對你們而言……）

好了。你們已經知道了。你們每個人在各自的神學框架中，構築了**神**對世人最嚴厲的懲罰觀。**我**不願戳破你們這個假象，因為**我**知道你們這些戲碼讓你們覺得好玩，不過……可是根本就沒有這個東西。

也許，當你們在臨死之際，免除了對人生全然透明的恐懼時，你們就可以排除對活著時全然透明的恐懼。

那不是太棒了……

沒錯，豈不是嗎？所以，有讓你們起步的步驟。請回頭閱讀本書第一部的開端，重讀**說真話的五個層次**。下次決定記得這個步驟，並且實行。求取真相，說真話，天天的生活照實而行。自己身體力行，也對每個你接觸的人這樣做。

然後，準備好赤裸。為**透明化**而站出來。

這讓人覺得害怕。真的讓人覺得害怕。

先看看你怕的是什麼？

每個人都會離開這個屋子。我怕沒有一個人會再喜歡我。

我明白。你覺得你必須為了讓人喜歡而扯謊。

正確的說，不是扯謊，而是不把**所有的事情**都說出來。

記住**我**原先講的話，並不是叫你把所有細微的感覺、意念、觀念、恐懼、回憶、懺悔或什麼都講出來。而是要你只說真話，把自己全然表露出來。在你最珍愛的人面前，你的身體不是可以全裸嗎？

是。

那麼在情緒上又為什麼不可以呢？

這比前者困難得多。

我明白。然而，並不表示這不該推薦，因為那好處是很大的。

嗯，**你**確實提出了一些有趣的想法：不要有隱藏的計畫，構築透明的社會，任何時候都對任何人關於任何事說實話。嗯！

好些社會——啓蒙的社會——整個都是建立在這幾個少數的概念上的。

我卻一個都沒有見過。

我說的不是你們這個星球。

哦！

甚至不是你們的太陽系。

哦！

但是，要想開始體驗這樣一種新的思想體系會是什麼樣子，你們不用離開你們的星球，甚至不需離開你的屋子。從你自己的屋中開始。從你自己的家庭開始。如果你有事業，從你的公司開始。告訴你公司裡的每個人你做的是什麼，公司做的是什麼，花費的是什麼，每個工作人員做的又是什麼。把他們震出地獄來。我是講真話。你會把他們直接從地獄裡震脫出來。如果擁有事業的人，人人都這樣做，工作就不會對那麼多人而言是地獄，因為工作場所會自動變得更為公平、公正，也會有更為適當的報酬。

對你的顧客明言，你提供的產品與服務，成本是多少。在你的標價牌上寫上兩種價錢：一種是成本，一種是售價。這樣，你還能為你的索價而自得嗎？如果人人都知道了你的成本與售價的比例，你還會害怕別人說你「騙錢」嗎？若有，則對你的售價做調整，使它回到基本公平的範圍內，而不是「能賺多少就賺多少」。

我諒你們不敢，**我**諒你們不敢。

這需要你們的思想做完全的改變。你們必須像關懷自己一樣關懷顧客。

真的，你們可以此時、此地、今天就開始建構這個社會。選擇在你。你們可以繼續支持舊體制——目前的範型，你們也可以開闢新蹊徑，為世界展現新的道路。

你們可以是這新的道路。在樣樣事情上。不僅是在事業上，也不僅是在你們的人際關係上，也不僅是在政治上或經濟上、宗教上，或這個或那個上，而是**在一切事情上**。

以自身做這新的道路。以自身做這更高的道路。以自身做這最恢宏的道路。於是你就可以真正說：**我是道路，我是生命。跟隨我**。

如果全世界跟隨你，你不是會為帶它到所至之處而感到高興嗎？

讓這成為你今天的課題。

17 世界唯一的希望——全球一國

我聽到你的挑戰了。我聽到了。現在請告訴我這個星球上眾人的生活事宜。告訴我國與國該如何相處，使舉世「不再有戰爭」？

國與國之間總是會有衝突，因為衝突僅是個體存在的表徵，而且是健康的表徵。然而，**用暴力的方式來解決衝突**，卻是非常不成熟的表徵。

若國與國之間都願避免暴力解決法，則沒有理由不可避免。

大量的死亡以及生靈塗炭，會使人以為足以使人類願意避免暴力，可是在像你們這樣的原始社會中，情況並非如此。

只要你們以為能贏得爭論，你們就會爭論。只要你們認為可以贏得戰爭，你們就會開戰。

所有這些事情的答案在哪裡？

我沒有答案，**我**只有——

我知道，我知道！只有觀察！

對。**我**現在觀察到**我**以前觀察到的。短期的答案可以是這樣：設立一個某些人所謂的全球一國政府，有一個世界法庭來解決爭訟（此法庭的裁決需是不可忽視，就如目前的世界法庭一樣），並有維持和平的世界武力，以確保不論世界上任何有力量或有影響力的國家不得侵略別的國家。

然而要知道，地球上仍然有暴力。維持和平的武力必須以暴止暴。所以我在第一部中說，不能終止暴政，就助長了暴政。有時候，唯一避免戰爭之途就是戰爭。有時候，為了確保你不再繼續做某件事，你就必須做這件你不要做的事！這明顯的矛盾，乃是神聖二分法的一部分——此法是說，為了最終能成某事——以現在的案例而言，是和平——有時必須先非其事。

換句話說，為了得知你自己是什麼，唯一的途徑往往是去體驗你不是什麼。

明白可見的真相是，在你們的世界中，權力不能再不合比例的掌握在某一國家手中，而必須掌握在這個星球上各國的結合體手中。只有這樣，世界才可能有最終的和平，因為人人確知沒有任何暴君——不論他們自己的國家多大、多麼強盛——能夠或願意侵犯別國的領土，或別國的自由。

小國也無需再為取得大國的善意而出賣它們的資源，或提供自己的土地做為大國的軍事基地。在這新的體制下，小國的安全不再是由拍馬屁取得，而是由真正的支持取得。

如果有任何國家被侵犯，一百六十個國家都會起而反對。如果有任何國家受到任何威脅或冒犯，一百六十個國家都會說不！

同樣，各國也不再遭受經濟威脅，不再在被貿易大國勒索下而加入某種行動，不再為了能夠接受外援而必須符合某些「綱領」，或為符合人道援助的條件而被諭令以某種方式做某些事。

但是你們會有人說，這樣的全球政府體制會削減各國的獨立性與尊嚴。實情是，這會增加它們——而這正是大國所怕的，因為大國的獨立性不是靠法律與正義來保證，而是靠權勢。在全球政府體制下，大國不但不再能自動為所欲為，而且各國的權益都必須受到公平的考慮。

大國不再能控制和囤積全球的大量資源，而必須公平與各國分享，使各國都更易於接受到資源，使世界所有的人都更能平均的獲得益處。

一個全球政府將會修平運動場——而這個觀念，直探基本人性尊嚴的核心，乃是對那「有錢」國家的譴責，因為它們要那些「沒錢」的國家去追求自己的財富，可是事實上有錢國家卻早已掌控了全世界所有的財富。

這種說法似乎在談財富的重新分配。可是，那些眞正想要更多，而且願意爲此工作的人，如果知道他們必須跟那些不想要辛勤工作的人分享，如何能維繫他們的工作熱忱呢？

第一點，這不僅是誰要「辛勤」工作而誰不要的問題。這是一種簡化說法（通常是那些「有錢」人的說法）。這個問題往往是機會問題，而非意願問題。所以，在重建社會秩序中，真正的、首要的重點在確保每個人及每個國家都有平等的機會。

只要現在掌控大量世界財富與資源的那些人繼續緊緊掌控，這一點就無法做到。

沒錯。我提過墨西哥。我並無意損人「國譽」，但我認爲這個國家正是此例。一小撮有錢有勢的家庭控制了舉國的財富與資源，而且已經長達四十年。所謂的西方民主「選舉」只是假戲，因爲這些家族數十年來也控制了政黨，根本不允許眞正的反對者存在。結果呢？有錢人變得更爲有錢，窮人更窮。

若有人說工資應從每小時一點七五美元增加到三點一五美元，則有錢人便說，爲了經濟發展，爲了給窮人工作機會，他們已經盡了多少力。然而實際上，唯一獲得經濟實質發展的是**有錢人**——那以低廉工資在國內和國外銷售產品獲取巨大利潤的工商業者。

美國的有錢人知道實情就是如此。因而有錢有勢的美國人在墨西哥等地設廠，美其名曰這奴隸般的工資對當地農民提供了了不起的工作機會。但工人卻在不健康、完全不安全的條件下勞動，而當地政府——也是由少數同樣以此牟利的人掌控——則幾乎不加任何規範。在這類的工作場所，健康與安全標準和環境保護實際上是不存在的。

地球沒有受到照顧，在地球上生活的這些人也沒有受到照顧，這些人住在河邊的紙棚中，在河中洗衣，有時也在河中排便，因爲他們屋中往往並沒有抽水馬桶。如此虐待大衆所導致的結果是，許許多多人買不起他們自己工作所製造的產品。可是富有的工商業主不在乎。他們可以把產品運往其他國家，因爲那裡的人可以買得起。但是我相信這種情況終會自食惡果，而且是毀滅性的惡果。不僅墨西哥如此，凡是人被剝削的地方都是。

只要「有錢人」以提供工作機會之名繼續剝削窮人，則內戰是不可避免的，國際戰爭也是不可避免的。

掌控財富與資源已經變得那麼制度化，以致連某些心地公正的人，也幾乎認爲它可以接受了，而把它視爲開放的市場經濟。

然而，唯有富有的個人和國家所掌握的權勢，才能使這公正的幻象得以存在。實情是，對世界上絕大部分的人口和國家而言，這是不公正的，因為這些個人和國家連想要達到那有權有勢者所早已達到的地步都不被允許。

前面所提的全球政府會把權勢做徹底平衡，使之從資源富裕者轉移到資源貧乏者，迫使資源公平分享。

這就是有權勢者所懼怕的。

沒錯。所以，對於世間的動亂，短程的解決辦法可以構築新的社會結構——一個新的、全球性的政府。

你們之中也曾有一些領袖人物具備足夠的洞察力和勇氣，來倡導這樣一種新世界秩序。喬治·布希就是這樣一位領袖。將來的歷史會比你們現在更願意或更能夠承認他的智慧、眼光、慈悲和勇氣。蘇維埃總統戈巴契夫也是。他是共產國家元首中第一位獲得諾貝爾和平獎的人，他也是一位促使重大政治改革的人，實際上終止了你們所謂的冷戰。你們的總統卡特也是，他促成了任何人都不曾夢想過的比金與沙達特的協議；在他卸任總統之後許久，仍屢次把世界從暴力對抗的邊緣拉回來，原因只在他肯定那簡單的真理：沒有任何人的意見比別人的意見不值得聽取，沒有一個人比別人更沒有尊嚴。

有趣的是，這些把世界從戰爭邊緣拉回的人，這些勇敢的領導者，這些促使人類大步離開當前政治結構的人，卻都只在位一任，就被他們所想要提升的人民弄下台。他們受到舉世不可置信的歡迎，卻著著實實在自己家鄉被摒棄。有人說，人在自己的家鄉不受尊敬。就以這些人而言，因為他們的視野遠遠超出自己人民千萬里之上，後者僅看到有限的、狹隘的利益，所看到的唯有走向這些遠大的視野之際所喪失的利益。

因此，每一個敢於站出，敢於要結束有權有勢者之壓迫的領袖都不受鼓勵，都被污衊。

一直到長程的解決辦法上位之前，情況都會如此。長程的解決辦法不是**政治**方面的解決辦法。它是唯一真正的解決辦法，它是**新的覺醒**，**新的意識**——覺醒到萬眾的**一體性**，以**愛**為意識。

追求成功的動機，使人生盡可能豐富的動機，都不應是經濟的或物質的報酬。那種動機是錯置的。這錯置動機乃是此處所討論的所有問題之肇因。

當追求偉大的動機不再是經濟方面的，當經濟上的安全與物質上的基本需求使人人都可獲得，動機將不會消失，而是類別不同；它的力量與決心都會增強，締造出真正的偉大，而不是如現在這種動機所締造出來的、單薄的、過眼煙雲的「偉大」。

但過更好的生活，為子女創造更好的人生，為什麼不能算是好的動機呢？

「過更好的生活」是一個得當的動機。為子女創造「更好的人生」是一個好的動機。但問題是，什麼是「更好的生活或人生」。

你怎麼界定「更好」呢？你怎麼界定「人生」或「生活」呢？

如果你把「更好」界定為更大、更好及更多的金錢、權勢、性和物品（房子、汽車、衣服、CD收藏等等）……如果你把「人生」「生活」界定為目前的存在中從生到死之間這段流逝的時段，則你們就不可能脫離讓你們星球陷於苦難的陷阱。

然而如果你界定「更好」為更去體會、更去表達你們最恢宏的存在狀態，界定

「人生」為永恆的、永遠進行的、永不終止的存在歷程，你們就尚可找到自己的路。

「更好的人生」並非由累積財物可以締造。你們大部分人都知道這個，所有的人都說了解這個，然而你們的生活、你們所做的決定（這些決定驅策著你們的人生），卻往往主要是起於「財物」的累積。

你們為財物而效力，你們為財物而工作，而當你們得到某些你們想要的財物時，你們就絕不肯放手。

人類最大的動機是獲取**財物**。那些不在乎財物的人，便容易放手。

由於你們目前追求偉大的動機在累積世間所能提供的一切財物，所以全世界都處在各式各樣的鬥爭中。為數眾多的人仍在為肉體的生存而掙扎。每一天都充滿了焦急，竭盡所能的謀求。人的心充滿著基本的、求生的問題。能有夠吃的糧食嗎？有蔽風遮雨處嗎？我們能溫飽嗎？**為數眾多的人**仍舊天天掛慮著這些事情。只因缺乏食物，每個月就有數千人**餓死**。

少數的人得以獲取合理的基本生活供應，但仍奮力追求更多——多一點安全感，謙卑卻得體的住宅、更好的明天。他們辛勤的工作，害怕是否能更「走到前面」一點。他們的心掛慮著急切的、擔驚受怕的問題。

最少數的是那已經得到了他們所能要求的一切的人——他們已經得到了另外兩種人所想要的任何東西——可是，有趣的是，這一類人裡仍有許多**要求更多**。他們的心**掛慮的是**持有他們所獲得的一切，並擴充他們的持有物。

在這三類人之外，還有一類。那是為數最少的一類。實際上，為數甚微。

這一類人超脫了對物質的需求。他們關切著精神性的真理，精神性的真相和精神性的體驗。

這一類的人視人生為精神性的際遇——靈魂的旅程。他們對人生中所有的事情都以此著眼點來反應。他們把人生中的一切經驗都放在這個範型中。他們所努力的是對**神**的尋求，是本我之實現，是真理之表達。

隨著他們的進化，這種努力不再是努力，而是歷程。它成為一種自我定義——而非自我發現——的歷程，成長而非學習的歷程，是（being）——而非做（doing）——的歷程。

尋求、努力、伸展與成功的理由變得完全不同。做**任何事情**的理由都改變了，隨之改變的是做的人。理由變成了歷程，而做的人（doer）變成了是的人（be-er）。

以前，終生尋求、努力的理由是為供應世間事物，而現在的理由則是去體驗天國的事物。

以前，關切的主要是肉體方面；現在，關切的主要是靈魂方面。

一切都改變了。生活的目的改變了，生活也因之改變。

「追求偉大」的動機改變了。貪求、保護和擴充世間擁有之物的需求也隨之消失。

偉大不再以累積之多寡來衡量。世間的資源正確的被視為屬於一切世人所有。在一個有足夠的資源可以符合所有的人之需求的世界，一切人的基本需求都將會獲得滿足。

人人都會**想要**這樣做。不必再強求任何人捐不願的稅捐。你們會自願把收成和財富的百分之十拿出來，去支持那供應收成少者的計畫。不可能再有上千上萬的人袖手旁觀另外上千上萬的人餓死的事——而餓死並非由於缺乏食物，而是由於人類缺乏足夠的意願去締造一種簡單的政治體系，使人人得到食物。

這種道德的污穢——目前在你們的原始社會中甚為盛行——在你們改變了追求偉大的動機與定義之後，將永遠消失。

你們的新動機是成為我創造你們所要成為的——**神**自身的血肉賦形。

當你們選擇去成為你們**真正是誰**——**神**的現身——你們就永遠不會再以非**神**（ungodly）的態度做任何事。你們也無需再貼這樣的汽車保險桿貼紙：

神保祐我
免於被你的
追隨者追隨。

18 你們是原始人

讓我看看我有沒有跟上。此處所呈現的似乎是一個平等而平靜的世界觀，全球各國共有一個政府，而所有的人都分享世界的財富。

記住，當你在談平等時，我們的意思是**機會**平等，而非**事實**平等。事實上的「平等」是永不可能達成的，而幸虧如此。

爲什麼？

因為平等就是一樣。而世界上最不需要的就是一樣。不是。**我**在此處所提倡的不是一個機器人世界，人人從中央政府大哥那裡分攤到完全一樣的東西。

我說的是一個得以確保兩件事情的世界：

1 滿足基本需求

2 上升的機會

你們世界的資源是如此豐富，你們卻未能設法做到這兩件事。你們反而讓千萬人陷於社會經濟標尺的最低端，設計了一種世界觀，制度化的把他們困在那裡。你們任許每年有上萬人僅因缺乏最基本的需求而死。

世界儘管如此莊嚴華美，你們卻沒有找到一條足夠莊嚴華美的路，可以不再有人餓死，更不用說互相屠殺。你們實實在在是眼看孩子們在你們面前餓死。你們實實在在是因為人跟你們意見不同而殺害他們。

你們是原始人。

可是我們認爲我們是那麼進步。

原始社會的第一個標誌就是它認為自己進步。原始意識第一個標誌就是它認為自己已經啓蒙。

讓我歸納一下。階梯的第一段確保人人可得兩種基本需求，而攀登第一段之途是……

兩種轉變——其一是你們政治範型的轉變，其二是你們精神的轉變。

走向世界一體的政府，包括一個被賦予大權的世界法庭，以解決國際爭端，包括維持和平的武力，以使你們選擇來治理你們自己的法律能有力量。

世界政府要包括一個全球國會——地球上每個國家有兩個代表——一個人民大會——以人口數為比例分派代表。

這正像美國政府——兩院；一院以人口數分派代表，一院各州代表人數平等。

沒錯，你們的美國憲法靈感從神而來。

同樣的權力平衡應該構築在新世界憲法中。

新世界憲法中也需構築行政部門、立法部門和司法部門。

每個國家都可以保有維持治安的警力，但各國皆將取消軍隊——正如你們現在各州取消陸軍與海軍，以尊崇你們國家的治安武力。

各國保留在必要時期召集民兵的權利，就如你們各州具有合法權力以維持和動用民兵。

也正像你們各州，全球一百六十個國家，有權以公民投票的方式決定退出合眾國（雖然我想不通為什麼要這樣做，因為在合眾國中，人民比以前更安全、更富裕）。

我——要再爲我們心思緩慢的人問一句話——怎樣的一種全球聯邦會？

1 終止國與國之間的戰爭，不再以屠殺來解決問題。
2 終止赤貧，不再有人餓死，人民與資源不再被有權有勢者剝削。
3 終止對地球生態環境的破壞。
4 不再永無止境的追求更大、更好、更多。
5 讓**所有人**都有**真正**平等的機會走向表達**自我**的最高方式。
6 終止捆綁人民的一切限制和歧視——不論在住宅、工作場所、政治體制，或性關係上皆然。

這新世界秩序是否要求財富的再分配？

它不要求任何東西。它會**締造**——自願自發的——**資源**的再分配。比如，對**所有的人**提供適當的教育，對所有的人提供開放的機會，以運用這種教育於工作場所——以從事帶給他們喜悅的職業。

所有人都受到保證，在任何需要的情況下和任何時刻，都可以得到健康照顧。對**所有人**供應基本生活尊嚴的需求，因而活下去不再成為問題。

即使他們不做任何事情去賺取？

你們會認為這些事情必須去賺取，正是你們之所以認為通往天國之路必須去賺取的原因。然而，你們不可能**去賺取神**的恩寵，而且也沒有必要，因為你們已在恩寵中。這是你們不能接受的，因為這是你們不能給予的。當你們學會了無條件的給予（這是說，無條件的愛），你們就能學會無條件的接受。

這個生命被創造為一個載具，藉由它，你們可以體驗到這個。

好好沉緬一下這樣的想法：人有基本生存權，即使一事不做，即使**毫無貢獻**，有尊嚴的活下去，乃是生命的基本權利之一。我給了你們足夠的資源可以保證人人得以如此，你們必須做的只有分享。

如果有人只是浪費生命，遊手好閒，到處拿「救濟金」——該用什麼方式阻止他們呢？

首先，生命是不是浪費，不是由你們來審判的。一個人一輩子一事不做，只在那裡尋思詩句七十年，最後寫出一首十四行詩，而為千萬人開啓了領會與洞察之門，那是浪費生命嗎？一個人終日扯謊、欺騙、要詭計、傷人害物、操縱人，但有一天因此記起了他真正本性中的某種東西——比如，他花了一生時間所想要記起的東西——因而在最後進化到更高層次——這樣的生命是「浪費」的嗎？

別人的靈魂旅程不是由你們來審判的，你們該決定的是你是誰，而非別人是誰或未能是誰。

所以，如果你問有人只是浪費生命，遊手好閒，到處拿「救濟金」，應如何阻止——回答是：不用。

但你眞的認爲這會有效嗎？你不認爲那些有貢獻的人會對沒貢獻的人忿忿不平嗎？

如果他們還未覺醒，他們就會。然而那些已經覺醒的人，會以慈悲的心看待那些無貢獻者，而不是以憤怒的心看待他們。

慈悲？

對，因為那些貢獻者會明白，無貢獻者是在坐失最大的機會和最恢宏的榮光：去創造的機會，去體驗**他們真正是誰**的**最高觀念**的榮光。貢獻者會知道，他們的懶惰就是他們足夠的懲罰了——如果需要懲罰的話，而實際上是不需要的。

但是，那些真正在貢獻的人不會憤怒於他們辛勞的成果被懶惰的人拿去嗎？

你沒有用心聽。**所有的**人都被給予最低的生存所需。為了使這件事能夠實行，那些擁有較多的人則被給予機會，使他們得以提供收入的百分之十。至於收入的多寡，則市場可以決定每個人的貢獻價值，正如你們國家今天的情況。

但這樣就還是有「貧」「富」之分，正如我們今天一樣，這不是**平等**。

但**機會**平等，每個人都有**機會**不愁生存而過一個基本的生活。每個人都有平等的機會去獲取知識，培養技術，在**喜悅場所**運用天分。

喜悅場所？

這是那時候的人給工作場所的名稱。

但不會還有羨慕嗎？

羨慕，有；嫉妒，沒有。羨慕是一種促使人成長的自然情愫。兩歲的小孩因為看到哥哥可以摸到門把而也想自己摸到，就是起於這種催促與渴望。這裡面沒有什麼錯，羨慕裡沒有錯，它是促動的力量，它是純粹的渴望，它促使偉大誕生。

嫉妒，卻是起於恐懼，使人想讓別人擁有得更少。嫉妒往往是起源於怨恨，它來自怨恨，導致怨恨。嫉妒會殺人，它可以殺人，凡是曾經處在嫉妒的三角關係中的人，都知道這一點。

嫉妒司殺，羨慕司生。

那羨慕的人會得到種種機會以他們自己的方式成功。沒有人在經濟上、政治上、社會中被綁架；不因種族、性別或性取向而被綁住；不因出身、階級或年齡，也不因任何理由；任何理由的歧視均不再能被忍受。

沒錯，仍舊還有「貧」與「富」，但不再有「飢餓」與「赤貧」。

你看，動機並沒有在生活中消失……**消失的只是絕境**。

但誰來保證有夠多的貢獻者來「負擔」無貢獻者呢？

人類精神的偉大。

哦？

不同於你們可悲信念的是，一般人都無法滿足於僅足以餬口的程度。再者，當第二種範型轉移──精神轉移──發生之後，整個追求偉大的動機也將改變。

有什麼東西會造成這種轉移呢？在兩千年的歷史中，這種事情都沒有發生過。

試以**二十億年**的歷史──

地球的？爲什麼現在不成？

因為，從物質生存移轉開之後，消除了為求基本安全而求大量成功的需求之後，則除了**為求體驗壯麗而成為壯麗之外**，沒有別的理由。

這能成爲足夠的動機嗎？

人類的精神在提升；它不再在真正的機會面前跌倒。靈魂尋求自身的更高經驗，而非更低的。凡是體驗過**真正壯麗**的人，即使只有一刻，都明白這一點。

那權勢又怎麼樣呢？在這特別的新秩序中，還是有人有過多的財富與權勢。

經濟收入將有限制。

哦，老兄，問題就在這裡。在我說明爲什麼這行不通之前，你要不要先說明它爲什麼行得通？

好。正如收入有最低限，收入也有最高限。首先，幾乎人人都會把收入的百分之十交給世界政府。這是我原先說過的百分之十自願捐。

沒錯……古老的「平等稅」建議。

在你們目前的社會中，之所以要用繳稅的方式，是因為你們覺醒的程度，還不足以看出為公益而拿出的自願捐符合你們的最佳利益。但是，當我提過的意識轉移發生之後，你們就會看出這種公開的、出於關懷的自由捐獻，是明顯得當的。

我必須告訴你一些事情，你介不介意我在這裡打斷你的話，告訴你一些事情。

不介意，說吧！

這段談話讓我覺得非常奇怪，我從來沒有想過我可以跟神談話，而在此談話中，神會推薦一些政治措施。我的意思是，眞的，我要怎麼樣讓人相信**神在贊成統一稅**（flat tax）！

好吧，我明白你一直把它看成是「稅」，這是因為要你們提供百分之十的財富出來這個觀念對你們很陌生。可是，你為什麼覺得我在這方面有我的看法難以置信？

我以爲**神**是沒有偏好的，沒有意見的，不關心這類事情的。

等等，讓**我**把話說清楚。在我們上一部談話中——你稱之為**第一部**——**我**回答過種種的問題。諸如人與人的關係怎麼處理，正當的生活應該如何，甚至連吃什麼東西都談。那跟這個有什麼不同？

我不知道，就是**好像**不同。我是說，你真的有政治觀點？你是如假包換的共和黨員？

這本書的底牌是多麼驚人啊！**神**是**共和黨員**！

那你覺得我應該是**民主黨員**？老天啊！

酷！不是。我覺得**你**應該是**非政治**的。

我是非政治的，**我**沒有任何政治觀點。

和比爾．柯林頓很像。

嗯，好得很！你聰明起來了！**我**喜歡幽默，你呢？

我想我沒料到**神**是幽默的，或政治的。

或有任何人性的，呃？

好吧，讓**我**把這本書和第一部再為你順一順。對於你們要如何過你們的一生，**我**沒有偏好。**我**唯一的願望是你們充分的體驗自己為創造性的生命，以便你們知道自己真正是誰。

好得很。這我了解——到目前爲止，我了解。

我在這裡所回答的每一個問題，**我**在第一部中所回答的每一個問題，都是以你們身為創造性的生命，想要去做什麼，想要去成為什麼，而做的聽證與反應。比如，在第一部中，你問了**我**許多如何使人際關係得以運作的問題，記得嗎？

當然記得。

你認為**我**提出的答案那麼難以接受嗎？你認為**我**在這方面有**我的**看法難以置信嗎？

我從沒想過，我只是讀答案。

不過，你明白，**我**是以你的問題來做回答的。也就是說，設若你想成為什麼或做什麼，有何路可行。**我**只是為你指路。

沒錯。**你**是。

我在這裡所做的也是同樣的事。

只是……我不知道……**神**會講這些事情比會講那些事情更讓人**難以置信**。

你是覺得更難以同意此處所講的某些事情？

嗯……

如果是，沒關係。

是嗎？

當然。

不同意**神**，沒關係？

當然。你以為**我**在做什麼？把你像蟲子一樣壓扁？

我倒沒有想到那麼遠，真的。

你瞧，這世界自從創始以來，就沒有同意過**我**。從開始到現在，幾乎沒什麼人行**我的**道。

那是眞的，我猜。

你可以確定那是真的。若世人遵從**我的**教誨——多少千年**我**派了多少百個老師來——這世界會是一個很不一樣的地方。所以，如果你不同意**我**，儘管不同意。何況，**我**可能會錯。

什麼？

我說，何況**我**可能會錯。哦，**我**的老天啊……你不至於把這些當**福音**吧，是嗎？

你是說，我不可以對本書所說的任何話下賭注？

哦！別下！**我**看你是漏掉了一個很重要的重點。讓我們從頭說起：**所有這些都是你搞出來的**。

哦，好吧，這讓我輕鬆了許多。我還以爲我眞得了什麼金科玉律呢！

你得的金科玉律是**遵從你自己的心**，諦聽**你的靈魂**，聽取**你的本我**。即使我向你提供了某種建議、某種觀點，你也沒有義務把它當作你自己的。如果你不同意，**就不同意**。**這是這個練習的整個重點**。重點絕不是要你把對任何別的東西或任何別人的**依賴轉到這本書上來**。為你們**自己**而思考。而這正是**我**此時的真面目。**我**此時是正在思想的你。**我**是你，大聲的在思想著的你。

你是說，這些資料並非來自至高的本源？

當然是！然而仍有一件事情是你到現在仍然明顯未能領會的：**一切都是你創造的**——你生活中的一切——正在此時，正在此地。你……你在創造。不是**我**，是你。

所以……對這些純屬政治的問題，有些是你不喜歡的？好，那麼，改變它們。現在就改。在你把它們當作福音之前。在你使它們成真以前。在你說你上一個念頭比下一個念頭更重要、更實際、更真切之前。

記得，創造你的真相的總是你的新念頭。總是如此。

好啦，在我們這番政治討論中，你有沒有發現任何你要改變的地方？

唉，其實是沒有。我還滿同意你的，偏偏就是這樣。我只是不知道要把這些怎麼辦。

想怎麼辦就怎麼辦。你弄懂了嗎？**你一輩子全都是在這麼辦的**。

哦，好吧……我想我是懂了。我想繼續我們的談話——如果還沒有斷線的話。

好，那就繼續。

你剛剛是在說……

我是在說，在其他社會——啓蒙過的社會——把收入的一部分拿出來，用於社會公益，是件相當普遍的事。在我們為你們的社會所探討的新體制中，人人每年都可以盡量賺錢，而把所賺的，在某一限度之內留給自己。

什麼限度？

隨便——大家都同意的限度。

超出此限度的呢？

以捐贈者之名捐贈給世界慈善組織，使全世界都知道何人捐贈。捐贈者對其所捐贈款項的百分之六十有直接分配權，確保他所捐贈的錢給予他所要給予的對象。

其他百分之四十交由世界聯邦立法通過的計畫去運用，並由世界聯邦管理。

如果大家知道在收入達到某一限度之後，再增加的任何東西都要被拿走，他們又哪裡還有繼續工作的動機呢？在他們已經達到此「界限」之後，有什麼東西能不致讓他們中途止步呢？

有些人會中途止步。那又怎麼樣？就讓他們止步。為全球慈善事業而強迫人在到達收入上限之後繼續工作，是不必要的。由消除戰爭而省下來的武器製造費用，足以支付所有的基本需求。在這些儲蓄之外，再加上全球許多人所貢獻的十分之一收入，足可以把社會上所有的人提升到一個新的尊嚴與富裕層次，而不僅只提升少數。而收入達到眾人同意的上限以後所做的捐贈，則為每個人都提供了廣泛的機會與滿足，以致嫉妒與怨恨實際上會在社會上消失。

有些人會不再工作——尤其是那些把人生的活動視為**吃力工作的人**。但那些把人生的活動**視為絕對喜悅的人，則永遠不會停止工作**。

並不是人人都能有這樣的工作的。

不對。**人人都可以**。

工作場所的喜悅跟職務沒有關係，卻跟用意息息相關。

早晨四點起來為嬰兒換尿布的媽媽最懂得這一點。她哼著、逗著嬰兒，你怎麼看也看不出來她是在工作。然而，使她的活動充滿真正喜悅的是她的態度、是**她的心意**。

我在前面也用過母親的例子，因為母親對孩子的愛最接近這三部曲中**我**提出的概念。

不過，我還是要問：消除「無限的賺錢潛能」，其用意是什麼呢？這不會剝奪人類最大的機會，最輝煌的某種冒險嗎？

你們還是有機會去賺到多得荒謬的錢。可以將自己保留的收入上限訂得非常之高……比一般人……比一般十個人用得了的還多得多。你們能賺的錢是沒有上限的，有上限的只是你們可以保留的錢。比如說，每年可以保留兩千五百萬美元（**我**只是隨便舉例），剩下的，就可用於為全人類謀福利。

至於原因——也就是**為什麼**……

可保留的收入上限可以說是這個星球上意識轉移的一個反映。是一種覺醒：覺醒到人生的最高目的不是最大財富的累積，而是最大的善行——而由此，也必然覺醒到，**財富的集中**——而非分享——是世界上繼續不斷而驚人的困境最大的單一因素。

累積財富——無限的財富——的機會，乃是資本主義體制的基石，這是一種自由企業與公開競爭的體系，它締造了這世界上從未見過的偉大社會。

問題是，你真的相信這個。

不，不是我。但是我必須在這裡爲那些眞的相信這個的人說話。

那些真正相信這個的人是沉迷在嚴重的幻象中，完全沒有看到你們星球上目前的現況。

在美國，百分之一點五的最高收入者，持有的財富多於百分之九十的低收入者。八十三萬四千個最有錢的人的全部財富，比最貧窮的八千四百萬人的總財富多了將近一兆美元。

那又怎樣？他們是由工作得來的。

你們美國人習慣於把階級成分視為個人努力的結果。有些人「很有成果」，所以你們就以為人人可以。這種看法是簡化而無知的。它假定人人都有平等的機會，而事實上，在美國正像在墨西哥一樣，有錢有勢的人想盡辦法保有他們的財勢，並加以**擴張**。

那又怎麼樣？有什麼錯嗎？

他們這樣做，是靠有系統的**消除**競爭，有計畫的**減少**真正的機會，集體的**控制**財富的流向與成長。

他們用盡種種辦法——從不公平的勞工法到「老手聯合壟斷法」。前者使他們得以剝削全球的貧苦大眾，後者使他們盡可能減少新手進入內圈跑道的機會。

然後他們又想盡辦法來掌控全球的公共政策與政府計畫，以便**更進一步**確保人民大眾屈服在他們掌控之內。

我不相信有錢的人都這麼做。也許有一小撮陰謀者，我猜……

在大部分情況下，並不是有錢的**個人**在做這種事；而是他們所代表的社會體制。這些體制是由有錢有勢的人所創造的，而繼續支持這種體制的，也是有錢有勢的人。

個人站在這種體制的背後，可以不負責任的說：對這種壓迫大眾、嘉惠於有錢有勢者的體制，他們沒有任何個人責任。

讓我們再以美國的健康照顧為例。

美國數以百萬計的窮人無法接受到預防性的醫療照顧。我們無法指著任何一位**特定的醫生**說：「這是你做的，這是你的錯。」在全球最富裕的國家，數以百萬計的人除了在急診室和悲慘狀況之下以外，沒有機會看到醫生。

這種情況不能怪罪於**任何單一的醫生**，但**所有的醫生都因而受益**。

整個醫藥界——和一切相關的企業——都因為制度化的送醫系統而得到前所未有的利益：歧視貧窮的工人階級和失業者。

這還只是使富人更富、窮人更窮的「制度」的一個例子而已。

關鍵是，有錢有勢的人支持這樣的社會結構，而且**堅持的拒絕任何改變它們的真正努力**。凡是要為所有的人提供真正的機會和尊嚴的任何政治或經濟步驟，他們一律反對。

大部分有錢有勢的人，如果就個人來看，當然都是很好的人，像任何人一樣有慈悲心與同情心。但一提到年收入的上限（即使高得荒誕，每年兩千五百萬美元），他們就會大肆咆哮，說是有違人權，破壞「美國生活方式」和「失去工作動機」等等。

但是，所有那些生活僅足以活口、衣服僅足以保暖、居住環境僅足以蔽風遮雨的人，他們的權利又在哪裡呢？

全世界各處需要適當健康照顧的人，他們的權利又在哪裡呢？他們無權因得當的醫療照顧而免於病痛與死苦，而那有錢有勢的人卻動一動他們的小指尖就可得到！

你們星球上的資源——**包括繼續被有系統剝削的赤貧大衆的勞動成果**——是屬於全世界所有人的，而非僅屬於那有足夠的財勢以行剝削的人的。

而剝削的步驟是以下述方法進行：你們有錢的工商企業家到某個根本無工可作的國家或地區去，那裡的人民赤貧。有錢人設立工廠，提供窮人工作機會——有時每天十個、十二個或十四個小時——而工資卻低於標準，若不説**低於人性**——而這工資，告訴你，不足以讓工人逃離老鼠橫行的村落，卻足以讓他們活下去，只比**沒食物、沒住處好一點**。

當有人説話，這些資本家就説：「嗨，他們比以前好，不是嗎？**我們為他們改善了很多**！他們不是有工作了嗎？我們給他們帶來了**工作機會**！**冒著一切危險**的是我們！」

然而，每個鐘頭給他們美元七毛五分錢的薪資，製造的鞋子卻可以賣一百二十五美元，這冒了什麼險呢？

這是冒險還是剝削，純粹的剝削？

這樣一種腐臭不堪的制度，**只有在一個以貪婪為動機的世界上**，才可能存在。**在這樣的世界中，最主要的考慮不是人性尊嚴，而是利潤**。

有人説：「相對於他們的社會標準而言，這些農民的生活已經好得出奇了！」説這種話的人是一等一的偽君子。他們會把繩子丟給就要淹死的人，**卻拒絕把他拉上岸來**，還大言不慚的説：「**繩子終究比石頭好**。」

這些有錢人不是要把眾人提升到真正尊嚴的地步，而只是讓那些沒錢的人依賴他們，使他們更為有錢有勢。

因為，真正有經濟能力的人會衝擊「體制」，而不只是屈從於體制。然而這體制的創造者最最不願看到的，就是對體制的衝擊！

所以，陰謀就繼續下去。而就大部分有錢有勢的人來說，這陰謀並非出以行動，而是出以默許。

所以，你們的路就這樣走下去。一個公司經理因為成功拓展某種飲料銷路而每年得到七千萬美元紅利，而七千萬人卻買不起這種飲料來喝——更沒有足以維持健康的食物可吃，但是對於這樣一種骯髒的社會經濟體制，你們卻一句話都不說。你們對它的骯髒視而不見，稱之為世界自由市場經濟，說你們多麼引以為傲！

然則書上寫著說：

如果你要完美，

就去把你所有的賣掉，給予窮人。

這樣就必有財富在天國。

但當那年輕人聽到這話就憂慮悲傷地走開了，
因為他的財產太多。

19 從外太空來的生物正在幫助你們

我很少看**你**這麼生氣，**神**是不會生氣的，這證明**你**不是**神**。

神是一切，神什麼都會。沒有任何事情是不是**神**的，而**神**對它自己所體驗的一切，都是在你們之內、以你們之身，並藉由你們而體驗的。你所感受到的憤怒，是**你的**憤怒。

沒錯。因爲**你**說的話我句句同意。

要知道，**我**傳給你的每一個意念，你都是透過自己的經驗，自己的真情實況，自己的領會和自己的決定、選擇與宣示來接受的——以表明**你是誰，你選擇成為誰**。你沒有別的途徑來接受。也無需有其他途徑。

好哇，我們又碰到同樣的問題了。你是說，這些觀念與感想都不是你的，**整本書**都可能是錯的？你是在告訴我，我整個跟你談話的經驗，都可能只不過是我的意念與感受的合成？

請考慮一下這樣的可能性：你的意念和感受是我給的；（你又認為它們會從何而來？）**我**跟你合創你的經驗；**我**是你的決定、選擇與宣言的一部分。請考慮這樣的可能性：在本書出現以前很久，**我**就選擇了你，與許多別的人，為**我的**使者。

我很難相信。

沒錯，這我們在本書第一部中都討論過了。然而，**我**要對這個世界說話，而方式之一是透過**我的**教師們與使者們。在這第二部中，**我**要告訴你們的世界，它的經濟的、政治的、社會的和宗教的體制是原始的。**我**觀察到你們有集體的高傲，以為這些是最好的。**我**看出你們許多人對於任何可能會拿走你們任何東西的改變或改善，都加以拒絕，也不管這些改善會對誰有幫助。

我再說一次，你們星球上所需要的是意識的重大轉移、覺醒的重大改變、對一切生命的重新尊重，以及深刻的了解一切的內在關連性。

好哇，你是神。如果你不要事情是這個樣子，你為什麼不改變它們呢？

像**我**以前對你解釋過的，**我**自始的決定就是給你們自由，按照你們想要的樣子去創造你們的生活——也因之創造你們的**本我**。如果我告訴你們去創造什麼，如何去創造，然後又要求你們，迫使你們去這樣做，則你們就無從知曉自己是**創造者**，而我也失去了**我的**目的。

但現在，讓我們看看你們在這星球上創造了什麼，看看它會不會讓你們有點生氣。

讓我們看看你們隨便哪一天某一家大報的新聞。

就拿今天的吧。

好，今天是一九九四年四月九日，星期六，我看的是《舊金山紀事報》（San Francisco Chronicle）。

好，隨便翻到哪一版。

好吧。現在是A—7版。

嗯。你看到什麼？

大標題說：發展中國家討論勞工權益。

好得很，唸下去。

報導說，工業國和發展中國家對勞工權益的問題，具有所謂「舊有的分歧」。某些發展中國家的領袖據說「懼怕擴增勞工權益之舉，可能製造一些秘密途徑，使他們的低工價產品不能輸往富裕國家的消費市場」。

該報導繼續說，巴西、馬來西亞、印度、新加坡和其他發展中國家的談判者，拒絕設立一個世界貿易組織的長期委員會——該委員會將要求起草勞工權益政策。

該報導所說的權益是什麼？

它說「工人的基本權益」，諸如禁止強迫勞動，設定工作場所安全標準，並保證集體交涉的機會。

為什麼發展中國家不要這些權益成為國際協議的一部分呢？我告訴你為什麼。第一，讓我們搞清楚，拒絕這些權益的不是這些國家中的工人。發展中國家的「談判者」正是**那些開工廠、經營工廠的人**，或與之有密切關係的人。換言之，那有錢有勢者。

就像勞工運動發生之前的美國，這些人是由大量剝削勞工而獲益的人。

你可以確定，美國和其他富裕國家的大財團默不吭聲的支持他們，因為這些大財團無法再在其本國不公平的剝削工人，於是在這些發展中國家轉包給工廠廠主（或自行設廠），以便剝削這些外國的工人，因為這些工人還無法保護自己免於被人利用以增加業已骯髒的利潤。

但報導說，是我們的政府——目前的執政者——在推動要在世界貿易協定上加入勞工權益法。

你們目前的領袖，比爾．柯林頓是一個確信勞工該有基本權益的人——即使你們有錢有勢的工業家們不認為。他是在勇敢的跟巨大的既得利益者作戰。其他美國總統和全世界其他領袖已經為了比這個還小的奮鬥而被殺了。

你不是在說柯林頓總統要被謀殺了吧！

讓我們只說，巨大的勢力在正在企圖把他從位置上剷除。他們必須把他弄下來——就如三十年前他們剷除約翰．甘迺迪。

比爾．柯林頓就像約翰．甘迺迪一樣，他所做的每一件事都是大財團所痛恨的，他不但在全球強力推行勞工權益，而且在幾乎所有的社會問題上，都站在小人物這一邊，以對抗頑強的既成體制。

比如，他認為人人有權接受得當的醫療照顧——不論他或她付不付得起美國醫療界所收受享用的高額醫藥費。他說這些費用必須降低。這使他在美國很多有錢有勢的人眼中變得不怎麼受歡迎——從藥品製造商到保險聯合大企業，從醫學團體到企業主（因為後者必須為工人付出相當數目的保險總額）——因為如果美國窮人要能得到普遍的醫療照顧，那些目前賺大錢的人就會賺得略少一些。

這使柯林頓先生在城裡不能變成最受歡迎的人物——至少在某些分子之間為然，而這些人在本世紀業已證明了他們有能力把總統在任內剷除。

你是說——？

我是說你們星球上「有錢人」和「沒錢人」一直在鬥爭。並在你們星球上流行。只要統治世界的是經濟利益，而不是人道利益，只要人類最關懷的是人的肉體，而不是人的靈魂，這種情況就會一直延續下去。

好吧，我想你是對的。同一份報紙的A14版有一個大標題：德國經濟萎縮引起衆怒。其下的一個標題是，戰後失業達高點，貧富越離越遠。

嗯，報導怎麼說？

報導說，該國失業工程師、教授、科學家、工廠工人、木匠和廚師都甚爲騷動。報導說，該國遭遇一些經濟萎縮，而「許多人感到這種困境未能公平分擔」。

沒錯。確實如此。報導有沒有說是什麼原因造成這麼多人被解雇。

有。報導說，這些憤怒的雇工因爲原先的雇主「把工廠遷到勞工比較便宜的國家去」。

啊！我倒很好奇有多少在看你們今天的《舊金山紀事報》的人有多少會把A—7版和A—14版的報導連在一起。

報導還說，當解雇的情況發生時，女性工人總是首當其衝。報導說：全國失業的人，女生占一半以上，而在東部則占將近三分之二。

當然。嗯，我一直在說——儘管你們不願意聽，不願意承認——你們的社會經濟機制有系統的在做階級歧視。儘管你們大聲抗議，說你們在提供平等的機會，實際上卻沒有。為了覺得自己不錯，你們很需要相信這種謊言，而如果有人指出事實，你們就會憤怒。即使把證據拿到你們面前，你們還是會否認。

你們的社會是一個鴕鳥的社會。

好吧！今天的報紙還說了什麼？

A—4版報導新聯邦政府強力遏止住屋偏見。報導說：聯邦政府住屋官員正擬定計畫……以從未有的強制力來消除居住的種族歧視。

你們必須自問的是，為什麼要這麼「強制」？

我們有一條公平居住法，禁止在居住方面因種族、膚色、宗教、性別、國籍、殘障或家中的人口多寡而有歧視。然則許多社區卻很少以行動來消除這種偏見。在這個國家中，許多人到現在仍然覺得對自己的私產要怎麼做就可以怎麼做——包括他要把房子租給什麼人或不租給什麼人。

如果有產業的人可被允許做這樣的選擇，如果這種選擇反映的是對某些範圍、某些階級的人的群體意識和一般態度，則這一些人就可能全部被有系統的排除在外，沒有機會去住在像樣的生活環境中。而由於沒有**可以租得起的像樣房屋**，地主和陋屋吸血鬼就能夠以高價出租不堪的陋室，很少修繕或根本不修。而有錢有勢者剝削大眾，卻美其名曰「產業處置權」。

不過，產業主總是應當有些權利的。

但是當少數人的權利違反多數人的權利時呢？

這一直是所有文明社會所面對的問題。

什麼時候眾人的權利會凌駕個人的權利？社會對此沒有責任嗎？

你們的公平居住法表示你們說有。

而你們有錢有勢的人說：「不行！唯一重要的是我們的權利。」公平居住法之所以不能被遵守與執行，原因全都在此。

我再說一遍，你們目前的總統和政府在強力推行此法。你們的美國總統並非個個都是這般願意對抗有錢有勢的人。

這我明白。報導說，柯林頓政府的居住官員在短短就任期間，**比過往十年都對居住歧視做了更深入的調查**。公平居住聯盟的發言人——華盛頓的全國顧問群——說，柯林頓政府對公平居住條款的堅持，是他們曾經多年敦促前幾任政府所做而未做的事。

所以，當前這位總統就在有錢有勢的人中樹立了更多敵人：製造商和工業家、藥品公司、保險公司、醫生和藥品聯合大企業、地主、房東，都是有錢有勢有影響力的。

即使在寫這一段文字時——一九九四年四月——壓力就已經排山倒海的向他湧來。

你們一九九四年四月九日的報紙有沒有關於人類的其他報導？

A—14版有一張照片，俄羅斯的一個政治領袖在晃動拳頭。照片的下方是一則報導，標題爲佐林諾夫斯基（Zhirinovsky）在國會攻擊同事。報導說：維拉狄瑪·佐林諾夫斯基昨天又發動拳戰，毆打他的一個政治對手，對著他的臉嘶吼：「我要你爛在監牢裡！我要把你的鬍子一根一根拔下來！」

你們還會追問**國與國之間**為什麼會有戰爭嗎？這是一個有分量的政治領袖，而在國會的殿堂裡，他卻必須**用拳頭來表示他的男子氣概**。

你們的物種是非常原始的物種，你們只懂得強權。在你們的星球上沒有真正的法則（法律）。真正的法則是自然法則——無法解釋，也無需解釋或教導。它是可以觀察得到的。

真正的法則（法律）是人人自願同意被其統御的法則，因為眾人本就是自然被它統御的。因此，他們的同意與其說是同意，不如說是認知它本是如此。這樣的法律是不必強制執行的。它們本就被執行了——被那不可否認的後果所執行。

讓我舉個例子。高等進化的生物不會用錘子敲自己的頭，因為那會痛。他們也不會用錘子敲別人的頭，理由一樣。

進化了的生物會知道，如果你用錘子敲別人的頭，那人會痛。如果你繼續敲下去，那人會生氣。如果你還是敲下去，那人最後會找一個錘子來敲你的頭。進化了的生物因此知道，如果你用錘子敲別人的頭，你就是在用錘子敲自己的頭。你的錘子是否更多更大，沒什麼不同。因為遲早你會被敲痛。

這種結果是可以觀察得到的。

那未進化的生物——原始生物——也觀察到相同的情況。只是他們不在乎。進化的生物不願去玩「錘頭最大的得勝」這種遊戲；原始生物卻只玩這種。順便說一句，這主要是雄性遊戲。在你們這物種中，很少有女人願意玩錘頭遊戲。她們玩一種新遊戲。她們說：「如果我有錘頭，我就敲出正義，我就敲出自由，我就在我的兄弟姊妹之間，在全世界，敲出愛來。」

你是說女人比男人更進化？

這方面**我**不做審判。**我**只做觀察。

你看，真相（真理）——如自然法則——是可以觀察到的。而凡不是自然法則的，就不能觀察到，因此必須對你們解釋。必須有人告訴你們，為什麼它對你們有好處。必須向你們展示。這並不容易做到。因為，如果一件事情是對你們有好處的，**它會是不證自明的。**

只有那並非不證自明的，才需要對你們做解釋。

要說服人民去相信那並非不證自明的東西，需要十分不尋常、有決心的人。這乃是為什麼你們發明了政治家。

以及教士。

科學家不需多說。他們通常都不多話。他們無需如此。如果他們做實驗，成功了，他們就把做出來的拿給你們看。結果會自己說話。所以，科學家往往都是靜默的，並不滔滔善辯。不需要。他們的工作是自明的。更且，如果他們做某種東西失敗了，他們也沒話可說。

政治家不同。即使他們**失敗了**，他們還是說。事實上，有時候他們越是失敗，說得越多。

宗教也是一樣。他們越是失敗，說得越多，不過我告訴你：

真理與**神**在同一個地方：在靜默中。

當你找到了**神**，當你找到了真理（實相），你不需要說，它是自明的。

如果你**談論神**談論得很多，可能因為你仍在尋找。這沒什麼不對，正像你現在這樣。

但宗師們一直都在談論**神**，而**我們這本書**所談的也都是**神**。

你所教的，是你選擇去學的，沒錯。這本書是在說我，也在說生命與生活，這使得本書成為非常恰當的例子。你之所以寫作這本書，**是因為你仍在尋找**。

沒錯。

是了。那些讀此書的人也是一樣。

但我們談論的主題是創造。你在這一章的開頭問**我**，如果**我**不喜歡**我**在地球上看到的，為什麼**我**不改變它。

我對你們所做的事不做審判。**我**只是觀察，並時時加以描述。

但是，**我**現在必須問你——先忘卻**我的**觀察，忘卻**我的**描述——你對你們在地球上所創造的情況，你觀察後有什麼感覺？你只拿了一天的報紙，而你發現：

・有些國家拒絕給予工人基本權利。

・德國在面臨經濟萎縮的情況下，富者益富，貧者益貧。

・在美國，政府必須強制業主遵守公平居住法。

・一個強有力的領袖對他的政治對手說：「我要你爛在監牢裡，我要把你的鬍子一根一根拔掉！」一邊按著他的頭去撞俄羅斯國會的地板。

這報紙還說到什麼其他有關你們這「文明」社會的事嗎？

A—13版有一個標題：安拉內戰受災最慘的是平民。小標題說：在叛變區，大頭頭生活奢靡，數以千計的人卻餓死。

夠了，**我**已經清楚。這還只是一天的報紙？

只是一天報紙的**一部分**。我還沒有超出A部分。

所以我還要說，你們世界的經濟、政治、社會與宗教體制都是原始的。我不會去做任何事情來改變它，理由我已說過。你們必須在這些事情上**有自由選擇與自由意志**，以便可以體驗我對你們的至高目的——就是去認知你們自己為創造者。

所以，在經過這麼多千年以後，這乃是你們進化的程度——這乃是你們所創造的情況。

它不會讓你生氣嗎？

不過，你做了一件好的事情，你向我求救。

你們的「文明」曾一再的轉向**神**，求問：「我們錯在哪裡？」「我們如何可以做得更好？」但你們卻有系統的忽視**我的**忠告；不過，我並不因此而停止對你們提供幫助。就像好的父母，只要你們問，**我**就永遠願意提供有幫助的觀察。也像好的父母，即使你們忽視我，**我**還是願意繼續愛你們。

所以，**我**就把事情照真正的樣子描述給你們聽。**我**告訴了你們如何可以做得更好。**我**用一種讓你們會感到有點憤怒的方式描述，因為我要引起你們的注意。**我**知道**我**做到了。

你在本書中反覆說到的意識大轉移，要如何才能發生呢？

有一種緩慢的剝除正在發生。正如雕刻家為創造和顯示雕像最終的美，把石材一層層剝除。這一層層石材就是人類經驗中所不要的部分，而我們現在正在把它剝除。

「我們」？

你們和我，藉著這一套三部曲，還有許多其他使者：作家、藝術家、電視與電影業者、音樂家、歌唱家、演員、舞蹈者、老師、法師、精神導師（沒錯，有些是非常好的，有些是非常真誠的！）、醫生、律師（沒錯，有些是非常好的，有些非常真誠的），全美國和全世界各處都有的，在起居間、在廚房、在院子裡的媽媽、爸爸、祖母、祖父。

你們是祖先，是先驅。

許多人的意識都在轉移。

因為有你們。

會像某些人所說，將有全球性的巨大災難嗎？地球要被傾倒，要被流星撞擊，大地陸沉，衆人才肯諦聽嗎？必須要有外太空的生物來臨，我們被嚇瘋了，才能明白我們原來是一體嗎？我們必須全都面對死亡，才能被激起來去尋找新的生活方式嗎？

這些極端的事情不是必須的——不過，可能發生。

會發生嗎？

你以為未來是可預測的嗎？即使是由**神**？**我**告訴你：你們的未來是可以創造的。按照你們想要的樣子創造。

但**你**原先說過，時間的本質是沒有未來；一切的事情都發生在剎那——永恆的此刻。

沒錯。

好吧。現在地震、洪水和流星在襲擊地球嗎？不要告訴我**你**身爲神，卻**不知道**。

你想要這些事情發生嗎？

當然不要。但是**你**說過，一切將要發生的都**業**已發生——**並正在發生**。

沒錯。但永恆的此刻也**「永遠在變化中」**。就像鑲嵌圖（masaic）——一直在那裡，但不斷的在轉移。你不能眨眼，因為當你再睜開，它會不一樣。看、看、看！它變了！

我是不斷變化著的。

是什麼讓你變？

你們對我的想法！你們對它的一切想法意念使它變——**當下變**。

這一切萬有的變，依思想的力量而定，有時是這般微渺，根本難以覺察……但當有強烈的意念——**或集體意念**——則會發生**巨大的衝**擊，造成不可置信的結果。

一切皆變。

那麼——**會不會**有你所說的那種巨大的、全球性的災難？

我不知道，會嗎？

你們決定。記住，你們**現在正在**選擇你們的真相。

我選擇它不要發生。

那它就不會發生。除非它發生。

又來了。

沒錯。你必須學會在這種矛盾中生活。你必須了解這最重要的實情：沒有任何事情能把你們怎麼樣。

沒有任何事情能把我們怎麼樣？

我會在第三部做解釋。

嗯……好吧，不過我並不想等那麼久。

這裡已經有足夠多的東西讓你消化了。給自己一些時間，給自己一些空間。

我們不能再等一等嗎？你要離開了，你每次離開時說話都是這樣。我還想再談談別的一些事情……比如，從外太空來的生物，眞有這種事情嗎？

真有。這一點，我們也會在第三部中談到。

哦，先透露一點點好不好？

你想知道宇宙其他地方有沒有智慧的生物。

當然有。

他們也像我們這麼原始嗎？

有些更原始，有些較不原始，有些則很進步。

外星人到過我們地球嗎？

到過，許多次。

爲什麼？

來探察。有時候提供溫和的幫助。

他們怎麼幫助？

哦，有時推一把。比如，你們一定察覺到過去七十五年的科技進展**比以往的全部人類史**更快。

是，我想是。

你們以為從CAT掃瞄到超音速飛行，到放在你們身體裡、使心跳規律化的電腦晶片都是人腦想出來的嗎？

呃……是啊！

那為什麼你們不在幾千年前想出來呢？

我不知道，我猜，科學技術還不夠。我是說，一樣會帶動另一樣。那時科技還沒開始，直到它開始。那都是演進的歷程。

十億年的演進歷程，卻在最近七十五年至一百年間，發生巨大的「領會力爆炸」，你不覺得奇怪嗎？

現在這星球上的許多人**在一生之內**看到許多東西的發明——從無線電到雷達到電子學——你不覺得**超乎標準**嗎？

你不覺得此處所發生的事，代表某種量子躍進嗎？躍進的步子如此之大，以致不符合任何進步的邏輯？

你在說的是什麼？

我在說，想想看，你們是不是被幫助了。

如果我們在科技上被幫助了，為什麼不在精神上被幫助呢？為什麼不在「意識轉移」上被幫助呢？

你有。

我有？

那你認為這套書是什麼？

嗯——

此外，新觀念、新思想、新概念，天天都擺在你面前。全球意識轉移的歷程，精神覺醒的增強，是一個緩慢的歷程。它需要時間，需要很大的耐心，許多生，許多世。

然而你們還是會轉回來。你們慢慢在轉移，改變正在靜靜的發生。

你是在告訴我，從外太空來的生物在這方面正在幫助我們？

真的，他們現在就在你們之間。許多，他們幫助你們已經多年。

那為什麼他們不讓人認出來？為什麼不顯現出來？這不是會讓他們的衝擊力倍增嗎？

他們的目的是幫你們達成你們最想要的改變，而不是創造此改變；是促成，而不是迫使。

如果他們顯露身分，你們會因他們的現身而被迫賦予他們極大的榮耀，認為他們的話極有分量。大眾的智慧最好是自行產生。從內在產生的智慧不像由別人而來的智慧那般易被拋棄。你們對自己所創造的東西，比別人告訴你們的東西保持得較久。

我們會不會有一天看到他們？會不會眞的認出他們眞的是外星人？

哦，會。有一天，當你們的意識提升，當你們的恐懼平息，他們就會向你們表明。

有些已經這樣做了——對一小撮人。

最近越來越普遍的一種說法是，這些外星人是惡意的——這種理論又怎麼樣呢？是否有些外星人想要傷害我們？

是否有些人類想要傷害你們？

當然。

外星人中的某一些——較不進化的——會被你們審判為如此。然而，要記得我的教誨：不要審判。任何人以其宇宙模式而言，所做的都沒有不適當的事。有些生物在科技上已經進步，但思想上還沒有。你們人類就類似這樣。

但是這些惡意的生物如果科技如此進步，他們一定有能力毀滅我們。有什麼東西可以阻止他們呢？

你們受到保護。

我們？

對的。你們被賦予機會走完你們自己的道路。你們自己的意識會創造這個結果。

這意思是——？

這意思是，在這件事上，和在所有事情上一樣，你們所想的，你們就會得到。你們所怕的，就會拉向你們。你們所抗拒的，就會堅持。你們所注視的，就會消失——如果你們願意，給你們機會把它全然重新創造，不然就從你們的經驗中完全消失。你們所選擇的，你們會經驗到。

嗯——這和我生活裡的經驗似乎不怎麼相合。

因為你懷疑這力量，你懷疑我。

這不是個好念頭。

當然不是。

20 去吧，將你的生命做為真理的表述

爲什麼人們會懷疑你？

因為他們懷疑他們自己。

爲什麼他們會懷疑他們自己？

因為有人告訴他們這樣，教他們這樣。

誰？

那些自稱代表我的人。

我不懂。爲什麼？

因為那是控制人的方式，控制人的唯一方式。你知道，你必須懷疑自己，不然你就會收回你所有的權利。這一定不可以，這絕對不可以。對那些目前掌權的人來說，這一定不可以。他們掌握的權力是你們的——這一點，他們知道。而唯一可以繼續掌權的辦法，是阻擋世人去看清、去進而解決人類經驗中兩個最大的問題。

什麼問題？

我在本書中已經一再一再說過了。綜括的說：

整個社會，如果

1 放棄分別觀。

2 採取透明觀。

則你們全球的問題與衝突，以及個人的問題與衝突，即使不能說完全解決和消除，也大部分會解決和消除。

永不再把彼此視為分別的，也不再把你自己視為與**我**是分別的。對任何人除了全部的實情以外不講別的，除了你們關於**我的**最莊美實相外，不接受任何東西。

第一項選擇會導致第二項，因為當你們看清並了解你們是**跟一切為一**，你們就不可能說不真的話，或保留重要的資料，或做完全透明（可見）之外的任何事情，**因為你們會明白，這樣做是最符合你自己最佳利益的**。

但這樣的範型轉移需要偉大的智慧、偉大的勇氣與重大的決心。因為恐懼會襲擊這些概念的核心，稱它為虛妄。恐懼會吞食這些莊美的真理，使它們看似空洞。恐懼會扭曲、輕視、摧毀它們。因此，恐懼將是你們最大的敵人。

然而，除非你們以智慧與清明看清這最終的真理，你們就不可能去締造和擁有你們那一直渴求夢想的社會。這最終的真理是：你對別人所做的，就是你對自己所做的；你對別人未能做的，就是你對自己未能做的；別人的痛苦就是你的痛苦，別人的歡悅便是你的歡悅，當你否定其中的任何部分，你就是否定你自己的一部分。現在已是**重新認取**（reclaim）**你自己**的時候。現在已是看出**你真正是誰**的時候，因而使你自己重又可見。因為當你和你與**神**的真正關係變得可見（visible），則我們就不可分（indivisible）。沒有任何東西會再把我們分開。

雖然你將會再度生活於分別的幻象中，以之做為工具來重新創造你的自我，但你自此將在生生世世以開悟而行，視幻象為幻象，以遊戲與歡悅的態度去體驗你想體驗的我們是誰的任何層面，卻永不再以其為真相來接受。你永不再需靠「遺忘」來重新創造你的本我。卻為某種理由、**某種目的，而自知的運用分別相**，選擇呈現為分別相。

當你們這樣完全的開悟了（enlightened）——也就是，再度充滿了光（light）——你們甚至會因某種理由選擇重返肉身生活，以提醒他人。你們可以不為創造與體驗你們本我的任何新層面，卻只為把真理之光帶到這幻象之地，以便讓他人可以看到。那你便是「荷光者」。那時你便是覺醒的一部分。

他們到這裡來幫助我們，讓我們知道自己是誰。

對的。他們是開悟的靈魂，是進化了的靈魂。他們不再尋求他們自己的更高體驗。他們已經有過最高的體驗。他們現在唯一的願望，是把這體驗的消息帶給你們。他們帶給你們「好消息」。他們會指示你們**神**的道路、**神**的生命。他們會說：「我是道路與生活。跟隨我。」他們會為你們做模範，讓你們知道，生活在與**神**有意識的結合中永遠的榮耀是什麼樣子。有意識的與**神**結合，就叫**神識**（God Consciousness，神之意識）。

我們一直是合一的，你與我。我們不可能不如此。那是絕不可能的。然而你們現在生活在這種合一的無意識經驗中。以肉體生活於有意識的與一切萬有的合一中，也是可能的；有意識的覺察到最終真相；有意識的表達**你真正是誰**。當你這樣做時，你就為所有他人做了模範——所有生活在遺忘中的人。你成為活生生的提醒者。以此，你拯救他人免於永遠失落在遺忘中。

這即是地獄——永遠失落在遺忘中。然而，我不會允許。我不允許一隻羊失落，卻會派遣……牧者。

事實上，**我**會派遣許多牧者，而你，可以選擇成為其中之一。而當靈魂們從沉睡中被你喚醒，重新記得**他們是誰**，所有的天使在天國都為這些靈魂歡呼。因為，他們曾經走失，現在又找到了。

正在現在，我們這星球上有這樣的人——神聖生命——是嗎？不僅是過去，而是現在？

是的，一直都有，一直都會有。我不會讓你們沒有教師；我不會放棄羊群，**我**總是會派遣**我的牧者**來。現在你們星球上就有許多，宇宙的其他部分也有。在宇宙的某些部分，這些生命生活在一起，經常溝通著，經常表達著最高的真理。這就是**我**曾說過的啓蒙社會。他們存在，他們是真的，他們派遣使者到你們這裡來。

你是說佛陀、克里希那、耶穌是**太空人**？

是你說的，我沒說。

是**真的**嗎？

你是第一次聽到這種說法嗎？

不是。但**那是真的嗎**？

你相信這些大師們在來到地球之前存在別的地方，而在所謂的死亡以後又重返那裡？

是，我信。

你認為那是什麼地方？

我一直以爲那是我們所謂的天國。我以爲他們來自天國。

而你以為這天國在哪裡？

我不知道。在另一個界域，我猜。

另一個世界。

對……哦，我懂了。但是我會稱爲**精神世界**（The spirit world，靈界），不是像我們所說的另一個世界，不是**另一個星球**。

那確實是精神世界。然而又是什麼使你認為這些精神體——這些神聖精神體（聖靈）——不能夠或不願意選擇宇宙中的其他某個地方居住呢？——**就像他們來到你們世界時一樣**？

我想我只是沒有這樣想過，這些都不在我的觀念裡。

「賀拉修，天上地下，有許多是你的哲學所未曾夢想過的。」

這是你們奇妙的形而上學家威廉・莎士比亞的句子。

那耶穌**是**外星人？

我沒有說。

好吧！他是，還是不是？

耐心點，**我**的孩子。你太跳過頭了，還多呢，還多得多呢。我們還有整整一本書要寫。

你是說，我得等到第三部？

我跟你說過**，我**從開始就答應過你。我說，我們有三部書。第一部，討論個人生活的真相與挑戰。第二部，討論這個星球整體一家的生活真相。第三部**，我**說過，會含括最大的真相，有關那些永恆的問題的。我將在其中顯示宇宙的秘密。

除非它們沒有。

哦，天哪！我不知道我還受得了多久。我是說，我真的是厭煩了這種「生活在矛盾中」。

我要**什麼是什麼就是什麼**。

那它就會是。

除非它不是。

沒錯！沒錯！你懂了！現在你懂了神聖二分法。現在你看到全貌了。現在你領會了整個計畫。

所有以往存在的一切——**一切**——**現在存在，正於此刻存在，將要存在**。因此，所有的一切……此刻存在。然而所有存在的，皆在不斷變化，因為生命是繼續**進行**的創造歷程。因此，非常真實的說，是**即非是**（That Which IS……IS NOT）。

這**是**（ISNESS，存在狀態）是**永不一樣的**，這意謂**是**即**非是**。

好吧，請原諒我——這有天理嗎？這樣任何東西又還能意謂任何東西嗎？

不意謂。不過，你又跳過頭了！所有這些都會有適當時機。所有這些都會有適當時機。在讀過第三部之後，會懂得這些秘密和更大的秘密……除非……全部……

除非全部不懂。

正是。

好吧，好吧……完美得很。但是，姑且設想一下——若有人根本不會讀到這幾本書，則他要在此時此地重歸智慧、重歸清晰、重歸**神**，那有什麼途徑可循呢？我們需得回歸宗教嗎？這是那失落的環節嗎？

回歸靈性。把宗教忘掉。

這樣的說法會激怒許多人。

許多人對這整套書都會憤怒……除非他們不會。

爲什麼你說把宗教忘掉？

因為它對你們沒有好處。要了解，有組織的宗教若要成功，就必須要讓眾人相信他們需要它。為了要眾人相信自身以外的某種東西，他們必須先失去對自己的信心。所以，有組織的宗教的第一個任務，就是先讓你失去對自己的信心。第二個任務是讓你認為它有你所沒有的答案。第三個——也是最重要的一個任務——是要你毫無疑問的接受它的答案。

如果你質疑，你就開始思考了！如果你思考，你就開始返回內在的源頭。宗教不能讓你這樣做，因為你可能得出和它設計要給你的答案不同。所以，宗教必須設法使你不相信自己有直接思考的能力。

宗教面對的難題是，這種設計經常玩火自焚——因為你不能無疑的接受自己的思想，你又怎麼可能無疑的接受宗教所提供的有關**神**的新觀念呢？

沒多久，你們甚至連**我的存在**都懷疑了。而諷刺的是，這是你們以前從沒有懷疑過的。當你以你**直覺的認知**來生存，你可能並不能把**我**的影像看得清清楚楚，但你卻確定知道我是存在的。

是宗教創造了不可知論。

任何清晰的思考者在察看宗教所做的事情時，必然會認為宗教無**神**！因為讓人心充滿了對**神**之恐懼的是宗教，而原先人心對那一切萬有的光輝燦爛是充滿了愛的。

是宗教命令人在神的前面卑躬屈膝，而原先人是歡歡喜喜敞開懷抱站立的！

是宗教要人擔憂神的憤怒，而使人憂心忡忡，而人原本是求神來減輕他的擔子的！

是宗教告訴人要恥於他的肉體與其最自然的功能，而人曾歡慶這些功能，以之為生命最大的禮物！

是宗教告訴你們，為了與**神**接觸，你們一定要有中間人，而你們曾經為自己只要在真與善中過日子，就可以接觸到**神**。

是宗教命令人類去崇拜**神**，而原先人類崇拜神是因為他們根本不可能不如此！

宗教所到之處一定製造分裂——而這正是**神**的反面。

宗教把人與**神**分開，把人與人分開，把男人與女人分開——有些宗教真的告訴男人，他高於女人，就像它宣稱神高於人一樣——如此對一半的人類做了前所未有的扭曲。

我告訴你們：**神**不高於人，男人不高於女人——因為那不是「事物的自然秩序」。但一切掌權的人（也就是男人）都想要它如此，因為他們構築的是男性崇拜的宗教，他們在他們《聖經》的最後版本中，有系統的刪除了一半的資料，並把剩餘的部分強行塞入他們的男性世界模式中。

是宗教一直到今日還在堅持女人比較差，是次等的精神公民，不「適合」去教導**神**的話語，不適合傳播**神**的道，不適合當教士。

你們像孩子一樣，到現在還在辯論哪一種性別是由**我**規定當**我的**傳教士的！

我告訴你們：你們**統統是傳教士！每一個人**。

沒有任何一個人或任何一個階段，比另一個人或另一個階段更「適合」做**我的**工作的。

但你們有許多人正像你們國家一樣，是權力飢渴者。他們不喜歡分享權力，只想展示權力。他們構想的**神**也是同樣。一個權力飢渴的**神**。一個不喜歡分享權力卻只想展示權力的**神**。然而**我**告訴你們：**神**的最大禮物是分享**神**的權力（能力）。

我喜歡你們像**我**。

但我們不可能像**你**！那會是褻瀆。

你們被教以這樣的事情才是褻瀆。**我**告訴你們：**你們是以神的形象和本質創造出來的——你們的目的就是去實現它**。

你們來到此處，不是為了努力與掙扎卻永不能「到達那裡」。我也沒有派遣你們去完成一個不可能完成的使命。

要相信**神**的善，要相信**神**的造物——也就是你們的神聖本我——之善。

你在這部書的前段曾說過一句話，讓我感到很想探究。在這部書將要結束之際，我想再回頭來談談。**你**曾說：「絕對的權力絕無需求。」這是**神的**本性嗎？

現在你懂了。

我曾說過：「**神**是一切，**神**成為一切。沒有任何事物不是**神**，而**神**對其自身的一切體驗，皆是在你們之內，以你們之身，藉由你們而體驗。」我在我最純粹的形式中，我是那絕對。我絕對是一切，因此，我絕對不需、不要、不求任何東西。

由這絕對純粹的形式，**我**呈現（am）為你們所締造的**我**。就像你們最後終於看到了**神**，並說：「嗨！你看怎麼樣？」然而，不管你們把**我**看成什麼樣，**我**都不可能忘記**我**最純形式，不可能不一直回歸**我**最純形式。所有其他一切都是虛構。是你們**裝飾打扮成**的樣子。

有些人把**我**弄成嫉妒的**神**；但因**我**擁有一切，是一切，**我**怎麼可能嫉妒呢？

有些人把**我**弄成憤怒的**神**；但**我**既不會以任何方式受到傷害，**我**又怎麼會憤怒呢？

有些人把**我**弄成復仇的神；但**我**向誰去復仇？因為所有存在的一切皆是**我**。

而**我**又為什麼只因為**我的**創造而懲罰**我**自己呢？——或者，如果你一定要認為我們是分別的，**我**為什麼要創造了你們，給了你們創造的能力，給了你們選擇的自由，讓你們去創造你們想要的經驗以後，只因你們做「錯」了選擇，而永遠懲罰你們呢？

我告訴你們：**我**不會做這樣的事——在這個真理中，存在著你們免於**神**之暴政的自由。

事實上，沒有暴政——除非是在你們的想像中。

任何時候你們想回家就可以回家。任何時候你們想要與**我**合一，我們就可以合一。跟**我**合一的喜悅是你們隨時可以領受的，就在當下。清風拂面，夏夜鑽石的天空下蟋蟀的叫聲。

初見彩虹，初聞嬰兒啼。絢爛日落，絢爛人生的最後一息。

我時時都與你同在，直到時間的結束。你與**我**的結合是完全的——過去一直是，現在一直是，將來一直是。

你與**我**是一體——現在與永遠皆是。

去吧，將你的生命做為此真理的表述。

使你的日日夜夜成為你內在此一最高理念的反映。讓你現在的時時刻刻充滿了**神**藉著你而表現出來的絢爛的歡悅。藉著對你所接觸的一切生命之永恆而無條件的愛來這樣表達。成為黑暗的光，而不詛咒它。

成為荷光者。
你本就如此。
是即如此。

〈後記〉生活中的一切都是再造的歷程

謝謝你們與我共走這一程。我知道，對你們某些人而言，這並不容易。這裡所提出的許多觀念，對我們在看到這本書之前所相信的觀念都是挑戰，也對我們以前的一些行爲模式構成挑戰。本書的資料邀請我們去創造新的信念，展示新的行爲，對事物所可能發生的情況懷抱新的觀念。對我們生活的方式，本書的資料都殷切而徹底的呼喚我們走向新的思想。

這就是我們說過的「新思想運動」（new thought movement）。與其說它是一種組織或社會結構，不如說它是一種歷程，以此歷程，社會的一切從一種存在方式轉移到另一種。那是行動上（壓跨大象）的「第一百隻猴子論」。那是「臨界量」的關鍵問題。這份資料怎麼給我的，我原原本本的在書中呈現出來，以有助於此項運動，以有助於達成這臨界量，造成這種轉移。

我們必須締造這種轉移。因為我們不能再繼續走原先的路。我們原先用以引導我們人類的觀念結構不合我們之用。事實上，它們幾乎已毀了我們。我們必須改變；如果我們還想把世界傳給子孫，我們必須改變。

說過這些話後，我希望各位知道，我對我們懷有巨大的希望。我相信，做為人類，我們現在擁有無比的機會，把那些久來擋住我們的障礙剷除，以實現我們最恢宏的可能性，而且我處處看到，不僅許許多多個人在成長，而且——終於——集體意識也在成長。我知道，是這集體意識在形成關鍵量，成為能量，來發動我們在此星球上的體驗之引擎。所以，我們的集體意識的水平才是關鍵。

我現在看出來，這套書的神聖目的，就是要提升這集體意識。這三本書中的話，自始就不是為說給我一人聽的，而是藉著我，說給全世界——正如它是藉著你要達到同一目的。你會讓書中的這些話以你的心做為終站嗎？或是跟我加入使者的行列，把它們帶給更多的人？

以我所見，人類目前況頗堪玩味的是，我們大部分人都認為我們走得不對。然而如果我們大部分人都認為我們走得不對，則為什麼我們不能集結起來做一些有意義的事情呢？這是一個讓人痛心疾首的問題。我們怎麼樣才能把個人的覺醒轉化為集體的行動呢？

我認爲，我們不僅由實行和傳播《與神對話》中的訊息可以這樣做，而且可以加入志在改革的團體與組織。我願建議各位參加三個團體。（當然，我知道還有很多別的類似團體。）

如果你同意本書中所的某些話，我贊成你去接觸和支持「生態經濟研究所」（The Institute of Ecolonomics），這是由我的朋友丹尼斯·維佛（Dennis Weaver）所創辦。這個研究所的指導原則是，生態與經濟並非敵人，兩者合一來改善地球的生活，乃是唯一可行道路。

丹尼斯和該研究所投下大量的時間與精力探尋新途徑，使全球的工商業可與全球生態的保護與改善行動得以合作與溝通。丹尼斯相信生態運動與經濟運動無需衝突，無需背道而馳。

我們所需要的是，在我們所從事的工商業中，在我們所製造的產品中，在我們所提供的服務中，要發展出生態的和經濟的健康模式。爲了掌握和強化這個觀念，丹尼斯發明了一個字：「生態經濟學」（ecolonomics）。用這五個音節的單字，他陳述了他的想法，就是，經濟利益並不必然、也不會永久跟生態的敏感相剋。對前者是好的，並不自動會對後者爲災難。

如果你也想強化這觀念，請寫信給：

The Institute for Ecolonomics
Post Office Box 275
Ridgeway, CO 81432
U. S. A.

他們會寄給你資訊，讓你知道如何加入行列。

另一個引起我注意和讚美的組織是「倫理與意義基金會」（The Foundation For Ethics and Meaning），這是由麥可．樂內（Michaell Lerner）所創辦。麥可和我曾多次談論本書第二部中所提出的議題；他告訴我，他創辦這個基金會是當一個工具，以求改變美國社會的底線，把自私與嘲諷的心態，改為關懷和休戚與共。

麥可所尋求的是改變我們社會的根本區分，以便工商業的生產與效益、法律與社會層面的行為，不再僅以財勢與權力的增加為唯一衡量標準，而也由是否增加愛與關懷的能力，是否增加了道德、精神與生態的敏感度爲標準。

他的基金會已在美國各地建立起分會，其中有些正在探討一些方案，企使州政府和地方政府在與公司簽訂合約前，先審查該公司的社會責任史——甚至要各公司每二十年重新申請許可證，而其社會責任紀錄就成爲核准與否的因素之一。該基金會以經濟需求和個人權益爲雙重焦點，反對公司或政府力量否定對方。

麥可是《意義政治學》（The Politics of Meaning）的作者；這本書，我熱切推介。就如康奈爾．維斯特（Cornel West）在書套背頁所寫：「……得有勇氣去閱讀它。」該基金會另發行定期刊物「Tikkun」，在該雜誌上你可以讀到這些議題進一步的討論。

要想訂閱這一份甚有激發性的刊物並獲知麥可的工作更多的訊息，請連繫：

The Foundation For Ethics and Meaning
26 Fell Street
San Francisco, CA 94103
U.S.A.
TEL:(415)575-1200

我所覺察到的第三個資源是「遠見領導中心」（The Center for Visionary Leader ship），創辦人為克林·麥克勞夫林（Corinne McLaughlin）與戈登·大衛遜（Gordon Davidson）。他們兩位合著的《精神政治學：從裡向外改變世界》（Spiritual Politics:Changing the World from the Inside Out）和《黎明的締造者》（Builders of the Dawn）都是我閱讀書籍中名列前矛的書。他們的教育中心對解決社會問題提供新穎的、整體的精神洞察觀點。該中心對個人與組織提出公共計畫，顧問訓練與以價值為基礎的領袖訓練。他們最激發我的觀念之一，是公民對談計畫，以有助於解除使地球分歧的一些現象。你可以成為此項工作的一份子，請連繫：

The Center for Visionary Leadership
3408 Wisconsin Ave NW
Suite 200
Washington, D.C. 20016
TEL:(202)237-2800

E-mail:CVLDC@netrail.net

你們有些人會選擇對這三方面的努力都做支援，如我就是。不論你做什麼決定，我希望你在此看到的是，對我們所面臨的大難題、大挑戰，個人並非沒有眞正的且持久的影響力。那哀聲嘆氣的呼叫：「我能做什麼呢？」在此處已得到了回答。你能做的事很多，你能做事的地方也很多。

所以，這是一次行動召喚。這是一項加入前線的呼求。這是對你的邀請，請與我一同組成精神工作隊，在共同的心願之下結合：爲世界帶來愛與康復，重反歡慶。

在讀過傳送給我的《與神對話》的言談之後，我再也不能是原先的我了。你也是一樣。我們——你與我——現在已被帶到絕壁，與我們以前所有的信念與爲人做事之法對決。

有許多人無可避免的會對本書所寫的某些東西感到不自在。畢竟，我們人類曾宣稱自己爲高尚的、優越的物種，是啓蒙過的生物。而《與神對話》三書卻觀察我們的所言所行而道：呃，抱歉，並不很是。它們察看我們宣稱要去的處所，而說：這不是你們所要去的地方。不是。別以爲是。因此，這幾本書（也許尤其是第二部）可能會使人不自在。然而，不自在總是表示成長。生命開始於我們的自在地帶結束之處。

當然，在我們的成長過程中，我們並不是要接受他人置於我們面前的一切新觀念——而《與神對話》三部曲中的觀念，也不應被視爲「福音」。事實上，這會是神最不願意的事。因爲如神所說，寶藏在於問題，而不在答案。這本書邀請我們的不是採用其答案，而是不斷的、不息的去問它的問題。

《與神對話》所提出的問題會把我們直接帶至絕壁。不僅是我們自在地區的邊界，也是我們的理解、我們的信念、我們的經濟的邊界。它們挑戰，要我們走向新經驗。

如果你想要加入這新經驗的共同創造行列，如果你認爲自己在此歷程中是主動的而非被動的；如果你知道自己是使者之一——既是接受者又是傳送者——則請加入這新的隊伍。成爲一個發光者。支持此處所提的努力與組織（或任何其他有價值的主張或團體。）

還有一個團體是我要告訴你的，這是我與南茜所創辦的團體，名爲「再創造」（ReCreation）。其宗旨是要把人還給他們自己——並因此改變世界。

我們的工作是以編寫月刊開始，寄送給每一位訂閱的人。（自從本書第一部出版之後，全球已有數千人訂閱。）接下來是一項向全國和全球各社團傳遞《與神對話》的訊息的計畫，以親身投入的方式進行。我們知道這個工作的推動必須邀請你的加入，就如你把自己重新創造一般，成爲眞正的實行與傳播者，以改變你所接觸的世界。

生活中的一切都是再創造的歷程。而此歷程始於你自己的靈魂。你的靈魂知道現在是否已是你將生命最有力的歷程——改變與創造——投入更高層次的時機。我知道這已是我的時機。

這乃是何以公開聲明我們基金會的目標是支助與籌辦第一屆「整合靈性與經營管理首屆國際座談會」（the first International Symposium on the Integration of Spirituality and Governance）。我的看法是，世人如果決心以他們最高的精神領會來治理自己，而非以最低的意念和最深的恐懼，則世界可以在一夕之間改變。

我們計畫於一九九九年爲這項座談會作東。我們看到有一個歷程已經上路：存著善意的人聚集在一起，共同思考、討論重大議題：是什麼把我們分離；如何歡慶我們的不同；我們身爲宇宙中這特殊點上高貴榮耀的物種，對於使我們結合爲一體的一切經驗應如何去加強。而我們認爲，這項座談會將成爲此歷程的主要催化劑，使之更爲豐沛。

我們的基金會也設立了工作室、討論課、靜修處、講授課程，和全球各地的廣泛計畫。凡是本基金會所推行的計畫，我們都收費很低，並保留至少百分之二十的空間提供全額或部分的獎助金，以便讓能夠參加的人盡量多，而不必受到經濟能力的限制。

爲了對範型轉移效力，這是我們——南茜，我和我們少數幾位朋友——決心要做的事。在此書末註言中，我希望能向你提供一些途徑，使你得以投身此種「範型轉移」行動。《與神對話》第三部比第一和第二部都更進一步，詳細描述宇宙各處有情衆生的進化歷程，高度進化社會中的工作與結構。總之，是我們這些想要以新的方式經歷人生的人一種傑出的模範。

我們的通訊載有如何去做的建議與觀察，使你自己和別人得以成爲範型轉移者，成爲新的實相的創造者。這些訊息是以回答全球《與神對話》的讀者所提出的問題來進行。我們的通訊也包含我們基金會的消息，以及如何成爲我們的伙伴——設若你做此選擇的話。這份通訊是一個與《與神對話》的能量「保持聯絡」良好途徑。

要收到這份刊刊，請寫信給：

ReCreation
The Foundation for Personal Growth and Spiritual Understanding
Postal Drawer 3475

Central Point, Oregon 97502
TEL:(541)734-7222
E-mail:Recreatingaol.com

每年收費二十五美元，這包括我們把通訊出版和寄達的費用，以及支持我在此所述一些大型活動的費用。但如果你想連線，目前卻無法撥款，我們會很高興的給你獎助訂閱。只要在你的信中申請即可。

在此結束之際，我要對我個人的事提出一些報告。

自從本書第一部出版，在讀過我個人的生活紀事之後，你們許多人寫信給我，充滿了慈悲、了解與愛。我永不能表盡這對我多麼重要。信裡經常提到，我在接受到這些訊息之後，對我的生活有了如何的改變。要在本書的書末詳細述說是不可能的。然而我仍要告訴各位，我的改變是深遠的。

我覺得我裡裡外外都像一個新人，我跟孩子重建了愛的關係。我遇到了我所知道的最出眾的女人，我們結婚了，我深受她的教誨之恩——而她的教誨是她的愛、她的實際生活。我原諒了我的過去——而這個，我已告訴過你，我曾一再一再做過那些在許多人眼中看來不可原諒之事。我不但跟過去的我重歸於好，也跟現在的我重歸於好——現在我是誰，我選擇是誰。我終於知道，我不是我的昨日，而當我將我自己最恢宏的形象於生活中實現時，我就創造了我最奇妙的明天。

你們曾以千百封信函加入並協助我治療與成長；而如今，隨著我共同走過這第二部書，我希望你們能與我共同攜手來創造全人類最恢宏的形象。那樣，它就會變成我們的形象。那樣，我們就眞的可以改變世界。

這可能要求於我們的頗多。然而那被給予得多的，被要求的也多。當我們被推到我們自在區域的邊界——就如本書對某些人的推動——我們必須記得，邊界是冒險的開始。邊界是新機會所在之處。邊界是眞正的創造開始之地。而這，正是你與我相遇之地——設若我們要如羅伯·甘迺迪（Robert Kenedy）所說，要尋求一個新世界的話。

法國詩哲吉洛姆·阿波林奈（Guillaume Apollinaire）寫道：

「到邊緣來。」

「我們不能。我們怕。」

「到邊緣來。」

「我們不能。我們會掉下去！」

「到邊緣來。」

他們去了。

他推他們。

而他們飛起來。

來。讓我們同飛。

國家圖書館出版品預行編目資料

與神對話 II ／ Neale Donald Walsch 著；孟祥森 譯；
-- 初版 -- 臺北市：方智，1998〔民 87-〕
464 面；14.8×20.8 公分 --（新時代系列；80,84,）
譯自：Conversations with God：an uncommon dialogue（Book II）
ISBN 957-679-593-1（第 2 冊：精裝）
1. 哲學 - 論文，講詞等
107　　87005103

Eurasian Publishing Group
圓神出版事業機構
用心與你對話・網野無限寬廣
方智出版社
Fine Press

www.booklife.com.tw　　reader@mail.eurasian.com.tw

新時代系列 084

與神對話 II

作　　者／尼爾・唐納・沃許（Neale Donald Walsch）
譯　　者／孟祥森
發 行 人／簡志忠
出 版 者／方智出版社股份有限公司
地　　址／台北市南京東路四段50號6樓之1
電　　話／（02）2579-6600・2579-8800・2570-3939
傳　　真／（02）2579-0338・2577-3220・2570-3636
總 編 輯／陳秋月
副總編輯／賴良珠
責任編輯／楊嘉瑤
校　　對／賴良珠
美術編輯／潘大智
行銷企畫／詹怡慧・王莉莉
印務統籌／劉鳳剛・高榮祥
監　　印／高榮祥
排　　版／陳采淇
經 銷 商／叩應股份有限公司
郵撥帳號／ 18707239
法律顧問／圓神出版事業機構法律顧問　蕭雄淋律師
印　　刷／祥峰印刷廠
1998年12月　初版
2024年4月　51刷

定價 400 元　　ISBN 957-679-593-1　　